재능 없는 작가로 살아남기

재능 없는 작가로 살아남기

홍지운 지음

아작

프롤로그 • 8

제1부 재능 없이 작가 하기

단 한 편의 소설을 쓴 사람	17
장르성 상업성 대중성	21
마이너의 별	26
금수저와 근수저 그리고 글수저	31
성장곡선의 형태	35
작가가 되고 싶은 사람과 작업을 하고 싶은 사람	40

제2부 재능 없이 글쓰기: 기본편

잘 지은 제목 하나 열 주인공 안 부럽다	47
기획서를 쓰는 이유	51
기획서대로 쓰지 않는 이유	56
주장하고 질문하고 보여주고	61
주제도 모르는 작가	65

슈퍼 마리오 1탄이 재미있는 이유	69
말이 많으면 일을 못 하고 일이 많으면 집을 못 가고 집을 가면 말을 못 한다	75
〈인터스텔라〉는 〈아마겟돈〉 같은 작품	79
저글링 글쓰기	85

제3부 재능 없이 글쓰기: 응용편

모방은 나의 힘	93
당신이 심연을 바라보는 순간, 심연은 어색하고 불편하다	97
목소리 큰 놈이 이긴다	100
분량에 대한 이야기	106
원고 분량이 모자라요	111
서로 다른 두 사람	117
뭘 모르는지도 모르는 사람	120
앞뒤가 똑같은 사람	125
고양이에게 먹이를 주지 마시라고요?	128
호러와 코미디는 같다	132
장르의 우회적 성격	139
일단 밥부터 먹지요	142
짧은 문장과 순우리말의 유혹	146

제4부 재능 없이 살아남기

1등 한 번 하기 vs 3등 네 번 하기	153
듀나체라는 수렴진화	158
삶과 작품 그리고 모든 재미에 대한 궁극적인 질문	162
마감 실패에 이르는 병	168
글쓰기가 재미없는데 글을 써야 할 때	173
〈맹꽁이 서당〉과 학생 체벌	177
행복한 글쓰기 생활	181
창작자를 위한 합평 가이드	186
행동력과 스테미너 그리고 창작욕	191
일일 작업량 계산법	195
작법서가 너무 많다	199
작가에게 가장 필요한 것	202
작가에게 가장 필요한 것 다음으로 필요한 것	207
나올 때까지 굴리면 확정 가챠	210

에필로그 • 214

(프롤로그)

재능 없는 작가는 많습니다. 일단 저부터가 그렇지요. 반대로 재능이 있음에도 불구하고 작가가 되지 못한 사람도 많습니다. 많이들 착각하고는 하지만, 사실 재능이 있는 것과 작가가 되는 것은 별개의 영역입니다. 작가를 하면 하는 거고 안 하면 안 하는 것이니까요.

제가 재능이 없음에도 불구하고 작가가 될 수 있었던 이유에는 제게 주어진 것이 이것밖에 없기 때문도 있었습니다. 작가가 되는 데 필요한 재능보다 사회인이 되는 데 필요한 재능이 훨씬 더 없었어요. 절대적인 역량에서는 작가가 되기 역부족이지만 상대적인 역량에서는 작가가 될 수밖에 없는, 그런 스탯을 타고난 사람이었지요.

무엇보다 저는 글을 쓰고 싶었습니다. 그래서 글을 썼습니다. 글을 잘 쓰지는 못해도 계속해서 써야만 했어요. 글을 쓰는 게 제일 재밌었으니까요.

혹자는 폼이 나게, 글쓰기란 신내림과 같아 글을 쓰지 못하면 신병이 나듯 아프기 마련이라고도 합니다만, 저는 그렇게까지 거창하고 운명적인 형태로 글쓰기를 하지는 않았습니다. 하지만 계속해서 글을 쓸 수 있도록 꾀를 부리고 다른 일에서는 게으름을 피웠으며 글을 쓸 기회만 찾아다녔지요.

재능이 없으니 성과는 더뎠습니다. 저는 데뷔하기까지 제법 오랜 세월이 걸렸어요. 내게 있어서 작가는 삶의 목표가 아니라 삶의 방식이라고, 작가라는 타이틀을 다는 것보다 작업이라는 활동을 하는 것이 더 중요하다고 아무런 결과를 내지 못하는 저를 부단히도 타일러야 했고요.

흔히 약육강식이라고 하지요. 저는 재능에 있어서는 분명 약자입니다. 하지만 약육강식만큼이나 자연법칙과 어긋난 사자성어도 드뭅니다. 애초에 코끼리랑 사자랑 싸우면 코끼리가 이기죠. 하지만 코끼리는 사자를 잡아먹지 않습니다. 개미는 늑대보다 약합니다. 그러나 늑대의 사체를 마지막에 맛보는 것은 개미지요. 약육강식이 세상의 일반법칙이라면 약한 동물들은 모두 멸종했어야 하는데, 과연 그렇던가요? 이 사자성어는 세상의 진리 혹은 섭리와는 완전히 동떨어진 이야기입니다.

자연계를 설명하기 위해서는 약육강식보다는 적자생존이 훨씬 더 적합해요. 약하고 강하고의 문제가 아닌, 적응했느냐 적응하지 못했느냐의 문제입니다. 살아남았느냐와 살아남지 못했느냐의 문제예요. 작가로서 저는 분명 약하지만 어떻게든 살아남기로 했고, 살아남기는 했습니다. 얼마나 더 살아남을 수 있을지 자신은 없지만, 작품이 출간되건 되지 않건 계속해서 글을 쓰고 싶다는 의지만은 있습니다.

저는 재능 없는 작가입니다. 여기서 여러분들이 주목하셔야 하는 지점은 제가 '재능이 없다'는 부분이 아니라 제가 '작가'라는 점입니다. 네. 저는 재능이 있건 없건 작가입니다. 그리고 그것은 어떤 의미에서 저의 조언이 재능으로 가득한 작가들의 조언보다 더 많은 사람에게 유용할 수 있다는 이야기이기도 합니다. 세상에는 재능으로 가득한 사람보다 재능 없는 사람이 더 많지요. 그렇다면 재능으로 가득한 사람보다 재능 없는 사람의 조언이 더욱더 많은 사람에게 통용되는 조언이지 않을까요?

작가가 되는 데 있어 재능은 분명 중요한 요소 중 하나입니다. 어떤 사람들은 그것만이 전부라고도 이야기합니다. 하지만 저는 그렇지 않다고 생각합니다. 일단 저부터가 재능이 없으면서 작가가 될 수 있는 산증인이니까요. 저는 누군가가 작가가 되기 위해서는 재능도 필요하지만, 그만큼이나 어쩌면 그 이상으로 의자와 환경이 중요하다고 생각합니다.

저는 재능 없는 작가인 동시에, 대학에서 학생들에게 장르문학 창작을 가르치는 교수이기도 합니다. 어떤 사람들은 제가 강단에 서게 되었다는 이야기를 듣고 비웃지 않았을까 모르겠어요. 홍지운이? 데뷔까지 10년 가까이 걸렸던 애가? 책을 많이 팔아본 적도 없지 않아? 재능 넘치는 작가들이 이렇게나 많은데 왜? 실제 그런 사람이 있는지 없는지는 모르겠습니다. 아직 제 앞에서 그렇게 이야기하는 사람은 보지 못했으니까요. 하지만 이 의문은 여전히 유효합니다. 제 안의, 저를 싫어하는 저 자신부터가 스스로에게 그렇게 질문을 던졌으니까요.

하지만 저는 이렇게도 생각했습니다. 재능 없는 작가이기 때문에 가능한 경험과 조언이 있다고. 그리고 나는 재능 없는 작가로서 그에 대해 항상 고민해왔다고. 이미 재능을 갖추고 성공할 날을 기다리기만 하면 되는 게 아닌, 자기 자신에게 어떤 가능성의 씨앗이 심겨 있는지 항상 자문하고 번민하는 누군가에게는 나처럼 재능 없는 작가가 더 필요할 것이라고.

《재능 없는 작가로 살아남기》를 쓰기로 결심한 이유도 마찬가지입니다. 이 책은 제가 재능 없는 작가로, 재능 없는 작가 지망생으로 살아남기 위해 발버둥치던 과거를 정리한 에세이입니다. 제가 수업을 시작하고 출석을 부르기 전까지 10분 동안 학생들과 나누는 잡담의 모음집이라고도 할 수 있겠네요.

이 책에는 다양한 형태의 조언을 담을 예정입니다. 대신 창작과 관련된 팁은 많이 담지 않을 생각이에요. 이 책은 작가가 되기 위한 공식이나 정답 그리고 왕도와는 거리가 먼 책이에요. 대신 작가가 되기 위한 발버둥을 관찰하실 수는 있을 것입니다. 마치 호러 게임에서 플레이어가 발견하는 생존자의 수기 같은 내용들을, 공략의 단서가 되는 내용들을 적어놓으려 해요. 그 때문에 이 책 안에서는 서로 충돌하고 모순되는 내용도 나올 것입니다. 애초에 단서란 그런 것이니까요.

다시 말씀드리지만, 이 책의 결론은 약육강식이 아닌 적자생존입니다. 치타가 발이 빨라지는 것으로 생존했다고 해서 고슴도치가 가시를 등에 달고 다니는 것이 실패나 거짓이 아닌 것처럼, 저의 생존법은 제가 마주한 환경에 적응한 결과일 뿐이지 반드시 따라야만 하는 정답과는 매우 거리가 멉니다. 여러분들은 이 책에서 힌트를 얻어, 여러분들이 마주한 환경에 맞춘 여러분만의 생존법을 고민하셔야만 합니다.

그런 점에서 이 책은 작법론이라기보다는 작업론이라고 하고 싶군요. 재능 없는 작가로 살아남기. 그건 정말이지, 법칙보다는 업보에 가깝거든요. 자, 그러면 제가 어떻게 살아남았는지 이야기를 시작해보도록 하지요.

제1부

재능 없이

작가 하기

단 한 편의
소설을 쓴 사람

예전에 제가 쓴 소설 중 모든 문장에 마침표가 찍혀 있지 않은 작품이 하나 있습니다. 작법적으로는 음모론에 빠져 이성을 잃은 사람이 횡설수설하는 느낌을 주기 위한 연출이었어요. 그리고 그보다 실질적인 이유는, 네, 그 소설은 아이폰으로 썼는데 제가 아이폰으로 마침표를 단축 입력하는 법을 몰랐기 때문에 마침표를 찍지 않은 것이었습니다.

그 작품은 제가 지하철에서 아이폰으로만 쓴 소설이었습니다. 그 소설을 쓰던 당시 저는 수상도 출간도 못 한 작가 지망생에 불과했어요. 그리고 저는 언제까지 글을 쓸 수 있을지에 대한 불안으로 가득 찬 상태였습니다. 소설의 내용과는 별개로, 그 안의 불안과 강박은 저 자신의 것이었습니다.

저는 제가 돈을 벌지 못할 거라고 생각했습니다. 프로 작가가 되더라도 생활을 유지할 정도로 버는 건 불가능할 거라 계산했어요. 그래서 아무리 곤궁해도 글을 쓸 수 있을지 궁금해서 지하철로 통학할 때 아이폰으로만 소설을 써본 것이었습니다. 이게 가능해지면 취업해서 출퇴근할 때 자리에 앉아 있기만 하다면 소설을 쓸 수 있다는 이야기였으니까요. 그 실험이 바로 그 작품이었고, 그 결과물은 제법 만족스러웠습니다.

여러분들의 작가로서의 목표는 어떤 것인가요? 등단을 하는 것? 책 한 권을 내는 것? 베스트셀러? 부커상이나 노벨문학상 같은 국제적인 상? 어떤 목표건 상관없습니다. 목표를 달성해도 좋고 달성하지 못해도 좋습니다. 목표를 가짐으로써 계속해서 작업을 하고 또 의욕을 낼 수 있다면 뭐든 의미가 있는 것이지요.

저의 목표는 오래도록 글을 쓰는 것입니다. 작가로 데뷔하는 데 성공했고 책도 여러 권 냈으니 이제는 이 일을 오래오래, 즐겁게 하면 좋겠다고 저 나름의 목표를 세운 바입니다. 아니, 목표도 아닙니다. 저에게 있어 글쓰기는 목표가 아닌 삶의 방식이어야 한다고 결론을 내렸거든요.

뭐 거창한 소리를 한 것 같은데 실상은 그렇지 않습니다. 사실 저는 엄청난 겁쟁이인데다 저 자신이 재능 없는 작가라는 사실을 무척 일찍부터 알았기 때문에 작가 지망생 시절부터 저의 목표를 데뷔도 출간도 아니라 계속해서 글을 쓰는 것으로 낮추었을 뿐이지요. 이건 제가 글을 쓰기만 하면 되니까요.

굳이 말하자면 저는 제 작가로서의 목표를 양도 질도 아닌 기간으로 놓았던 셈이지요. 많이 쓰겠다, 최고의 작품을 쓰겠다가 아니라 오래오래 자주 쓰겠다, 로 말이에요. 하지만 이건 어디까지나 저의 목표일 뿐입니다. 여러분들은 여러분들만의 목표를 찾으셔야만 해요. 그게 어떤 목표든 간에 말이지요.

예시를 하나 들어보겠습니다. 이건 문예 창작 계열 전공 출신인 제 지인에게서 들은 이야기예요. 그 지인의 동기에 관한 이야기였는데요. 그 동기분은 대학 1학년 때, 처음으로 합평하는 자리에 작품 하나를 갖고 왔다고 합니다. 많은 지적이 있었고 그분은 그 지적을 잘 받아들였다고 합니다. 그리고 2학년이 되어 합평하는 자리에, 그분은 그 작품을 다시 개작해서 갖고 오셨다고 합니다. 또 많은 지적이 있었고요. 그분은 그렇게 3학년이 되었을 때도, 졸업 작품을 써야 할 때도 계속해서 그 작품 하나만을 끊임없이 개작하고 또 개작하셨다고 합니다. 그분에게는 다른 그 무엇도 아닌 그 작품만이 의미 있는 작업이었던 것이지요.

저는 제 지인의 동기분이 작업하신 과정을 듣고 시야가 확 넓어지는 경험을 했습니다. 오로지 한 작품만을 위해 4년이라고 하는 시간을 헌신할 수 있다니. 단편 하나를 쓰는 데 4일로 끝이 나는 저로서는 상상도 할 수 없는 작업 방식이었습니다. 저는 그분이 부럽거나 질투가 나지는 않았지만, 저와 이렇게나 다른 사람도 있다는 사실을 안 것만으로도 세상이 달리 보이게 되었어요.

저는 제 단독저서가 현재 스무 권 정도 됩니다. 앤솔로지나 공저를 합치면 열 권 정도는 더 나올 테고요. 하지만 제가 지인의 동기분보다 더 나은 작가일까요? 글쎄요. 아마 아닌 것 같습니다. 반대로 그분이 저보다 더 나은 작가일까요? 애초에 이런 비교 자체가 잘못된 일이겠지요. 이는 누가 더 좋고 나쁘고의 문제는 아닌 것 같습니다. 그저 저에게는 저의 목표가 있었고 지인의 동기분에게는 그분만의 목표가 있었다고 보는 편이 옳겠죠.

다시 한번 여쭙겠습니다. 여러분의 작가로서의 목표는 어떤 것인가요? 정말 어떤 목표건 상관없습니다. 심지어 목표를 달성해도 좋고, 달성하지 못해도 좋습니다. 그저 여러분이 목표를 인식했고 납득할 정도로 시도했다면 그 자체로 충분합니다. 저는 진심으로 그렇게 생각합니다. 그렇기에 저는 지금까지 글을 써올 수 있었던 것이기도 합니다.

장르성
상업성
대중성

아주 오래전, 어느 문예지에서 인터뷰를 한 적이 있습니다. SF 작가로 사는 삶에 대해서 간단히 이야기를 나누는 자리였는데요. 저는 그 자리에서 아직도 잊히지 않는 충격적인 질문을 들었습니다.

 당신은 SF 작가니까 돈을 많이 벌지 않았는가?
얼마나 벌었는가?
돈을 벌기 위해서 글을 쓴다는 것은 어떤 기분인가?

충격. 충격. 충격. 아주 큰 충격이었습니다. 네? 뭐라고요? 돈을 많이 벌지 않았느냐고요? 제가요? 돈을 벌기 위해서 글을 썼다고요? 당시는 지금처럼 출판시장이 장르문학에 대해 호의적이지 않았고 저 역시 신인 중의 신인이었기 때문에, 당시 제가 작업에 들인 시간과 소득을 계산하면 최저임금에 아득히도 모자란 돈을 벌고 있었습니다. (요즘은 예전보단 사정이 많이 좋아졌습니다. 출판시장이나 저나.)

이제 와 생각하면 그때 저를 인터뷰하셨던 분들은 순문학 시장에 계셨던 분들이었기에 여러모로 오해를 하셨던 게 아닌가 싶습니다. SF? 순문학이 아닌 거. 순문학이 아닌 거는 대중적인 거. 대중적인 거는 상업적인 거. 그러니 SF는 상업적인 거. 돈 보고 쓰는 거. 뭐, 이 비슷한 식으로 사고가 흐르셨던 게 아닐까요?

저는 이 부분에 대한 오해를 풀기 위해 기나긴 답변을 해야만 했습니다. 순문학은 예술이고 예술이 아니면 다 상업적인 것이라는 이분법을 깨트리지 않고서는 저에 관해서, SF에 관해서 설명하는 게 불가능했기 때문입니다.

저는 장르성과 상업성 그리고 대중성을 나누어서 생각합니다. (장르성보다는 실험성이 더 가까울 수 있겠으나 여기서는 일단 장르성이라고 해두겠습니다.) 예를 들어 제가 미스터리를 쓴다고 해보지요. 만약 제가 미스터리 마니아들이 감탄할 정도로 정교하고 참신한 밀실 살인 트릭을 작품 안에 녹여내는 것을 목표로 글을 쓴다면 저는 장르성을 목표로 하는 것입니다. 단순히 작품을 완성하는 것만이 아니라 저작

권을 팔아 영상화까지 해서 큰돈을 버는 게 목표라면 상업성을 목표로 하는 것이고요. 나아가 남녀노소 가리지 않고 더 많은 사람이 제 작품을 좋아하는 것을 목표로 했다면 대중성을 목표로 하는 것이지요. 이 세 가지는 결코 같은 목표가 아닙니다.

미스터리 마니아들이 감탄할 정도로 정교하고 참신한 밀실 살인 트릭을 쓰더라도 상업적으로는 별 재미를 못 볼 수도 있습니다. 너무 아는 사람들만 아는 이야기를 쓰는 바람에 대중들의 외면을 받을 수도 있고요. 잘 팔린 미스터리라고 해서 미스터리 마니아들이 기대하는 요건들을 완벽히 다 달성하는 경우도 많지 않습니다. 오히려 미스터리가 생소한 신규 독자들을 모을 정도로 허들이 낮은 작품이 더 상업적으로 흥행하고는 하지요. 또 판권을 파는 데 성공하고 영상화가 된다고 해서 남녀노소 폭넓게 대중들의 사랑을 받느냐는 또 다른 문제입니다. 대중성은 상업성과 다르게 공공성으로서의 요소도 필요하거든요.

장르성을 만족시키기 위해 너무나도 실험적인, 미스터리 마니아만이 이해할 수 있는 작품을 쓰면 상업성과 대중성을 놓칠 수도 있습니다. 상업성을 달성하기 위해 잔인한 살인 장면이나 적나라한 섹스 장면으로 범벅이 된 작품을 쓰면 장르성과 대중성을 놓칠 수도 있고요. 대중성을 달성하기 위해 쉽고 가볍게 미스터리 분위기만 나는 작품을 쓰면 장르성과 상업성을 놓치기도 합니다.

장르성과 상업성 그리고 대중성은 애초에 목표하는 바가 다릅니다. 이 목표는 서로를 배척하지도 않지만, 서로 같지도 않습니다. 그리고 이 목표에는 우열도 존재하지 않습니다. 더 장르적인 완성도가 높은 작품이라고 해서 수익성을 목표로 한 작품보다 빼어난 작품이 아니고, 더 많은 사람이 감상한 작품이라고 해서 마니아들만 좋아하는 작품보다 대단한 것이 아닙니다. 여기에는 그저 작가가 세운 목표와 그 목표에 대한 달성 여부만 존재할 뿐입니다.

나아가 목표에 대한 달성 여부가 작품의 우열을 가르는 것도 아닙니다. 장르성과 상업성 그리고 대중성이라는 이 세 가지 목표를 모두 달성하는 작품도 있고, 이 세 가지 목표 중 어느 하나 만족하지 못하는 작품도 있습니다. 작가가 목표한 결과는 달성하지 못했어도 다른 축의 결과를 달성하는 경우도 있습니다. 그런데 그렇다고 해서 각 작품의 우열이 나뉘지도 않습니다. 그저 어떤 작품이 있었다는 사실만이 남고, 그 작품과 나의 관계만이 중요합니다.

오히려 장르성과 상업성 그리고 대중성은 서로 선순환하는 관계라고 보셔도 좋습니다. 장르적으로 독특한 실험을 한 작품이 나오고, 그 실험을 기반으로 상업적으로 성공한 작품이 나온 다음, 성공사례를 뒤따르는 대중적으로 다양한 작품이 나온 후 시장이 확장되며 투자가 이어져 더 장르적으로 독특한 실험을 한 작품이 나올 수 있게 되는 법이거든요. 결국 모두 다 공생하며 서로를 성장시키는 관계인 셈입니다.

아마 저를 인터뷰한 분들께서는 순문학이 예술로서 어떤 지고한 가치를 지향하고 있기 때문에 장르적이지도, 상업적이지도, 대중적이지도 않다고 생각하신 게 아닐까 모르겠습니다. 그렇기에 순문학이 아닌, 순문학 외의 여집합에 속하는 작품들을 하나로 뭉뚱그려 장르성과 상업성 그리고 대중성을 구분하지 않으셨던 게 아닌가 싶기도 하고요. 하지만 순문학도 순문학 시장에서 요구하는 어떤 전형성을 가진 만큼, 순문학도 장르의 하위 분야로 구분하는 편이 옳겠지요.

여러분들은 장르성과 상업성 그리고 대중성 중 어떠한 가치를 더 우선하시나요? 장르성은 명예, 상업성은 돈, 대중성은 권력으로 치환해서 읽으셔도 좋을 듯합니다. 어떤 분들은 명예와 돈과 권력 모두를 원하실 테고, 어떤 분들은 셋 모두 관심 없이 자신만의 즐거움을 추구하실 수도 있지요. 그저 각자의 사정이고, 각자의 취향일 뿐입니다. 참고로 저는 아무 생각 없이 그때그때 필요에 따라 목표를 설정하고는 합니다. 그리고 처음 목표했던 바를 달성하지 못하는 경우가 대부분입니다. 뭐, 사람 사는 게 다 그렇지요.

마이너의 별

 제가 좋아하는 분야는 너무 마이너해요.
어떻게 하죠?

상담을 하다 보면 이런 질문을 받을 때가 있습니다. 이런 거 별로 신경 안 쓰고 그냥 하고 싶은 거 하고 살았으면 좋겠는데, 역시 작가 지망생 시절에는 크고 작은 것들이 하나하나 다 신경 쓰이나 봅니다.

저부터가 "한국은 SF의 불모지" 같은 비아냥을 듣던 시절부터 SF를 써왔던 사람이기도 하지요. 실제로 제가 풋풋했던 대학교 1학년 시절, 태어나서 처음으로 쓴 SF 소설을 들고 교수님의 피드백을 들었을 때, "네가 쓴 것은 소설이 아니다."라는 지적까지 들었습니다.

그때 제가 쓴 소설은 〈20XX 뽁뽁이 대량 학살사건에 대한 보고서〉라는, 에어캡 포장지의 뽁뽁이의 한 알 한 알마다 그 안에 우주를 내포하고 있다는 가상의 리포트였는데요. SF의 형식에서는 너무나 자연스럽고 흔한 이 연출과 표현이 순문학의 형식에서는 소설로 분류할 수조차 없는 무엇이더군요.

하지만 저는 이 소설이 자랑스럽습니다. 인류의 문명이 시작된 이래 현존하는 모든 작품 중에 가장 많은 생명체를 학살한 작품이거든요. 뽁뽁이 한 알을 터뜨릴 때마다 우주가 하나씩 터져나가는데, 작품 안에서 뽁뽁이를 터뜨리는 대축제까지 벌어지거든요. 저는 제가 쓴 소설의 아이디어가 너무 좋았습니다.

제 만족과는 별개로 당시에 순문학을 쓰던 동료들은 다 저를 이상한 사람으로 취급했습니다. "왜 SF를 쓰는 거야?"나 "생명체가 가장 많이 죽은 소설인 게 왜 대단한 거야?"라고요. 어차피 책으로 나오기도 어렵고 문학적 가치도 없는데 왜 그런 걸 쓰느냐는 질문이었는데, 아마 그분들의 SF에 대한 이해가 깊지 않은 탓에 그런 이상한 질문을 했던 것이겠지요. 저는 그때 어떤 작가에게 "당신은 SF를 쓰면 잘 쓸 텐데, 한번 써보지 그래?"라고 제안했다가 어떻게 자신에게 그렇게 무례한 이야기를 할 수 있냐면서 면박을 당한 적도 있습니다.

네, 저는 SF가 마이너일 때부터 SF를 썼습니다. 별로 자랑스럽거나 하진 않습니다. 지금 한국 SF 부흥에 도움이 된 작가님들은 따로 계시고, 저보다 앞서 이 불모지를 개척하기 위해 애쓴 작가님들도 따로 계시니까요. 저는 이 흐름에 편승했을 뿐 제가 뭐 대단한 희생이나 투쟁을 해왔다고는 생각하지 않습니다.

오히려 저는 제 전략과 투자에 대한 확신이 있었고 그에 대한 배당을 받았을 뿐이라고도 생각합니다. 당시 SF는 부당할 정도로 저평가받는 장르였고, CG 기술과 인공지능 그리고 인터넷 매체의 활성화로 SF적 문제의식이 현실로 다가오는 것은 너무나도 확실한 미래였으니, 이를 이미 파악하고 있던 저로서는 SF를 읽고 또 쓰지 않는 다른 사람들이야말로 이상한 사람들이었습니다. 그리고 다른 모든 문제를 떠나, 한국 SF에는 진짜 재미난 작품들이 많았고 말입니다.

마이너한 장르는 있기 마련입니다. 하지만 그건 작가 지망생에게는 큰 문제가 아닙니다. 메이저한 장르는 상업적으로나 대중적으로나 고점이 높은 것은 분명합니다. 하지만 마이너한 장르는 데뷔에 있어 경쟁이 적고 팬덤의 충성도가 강하다는 점에서 허들이 낮은 것 또한 분명합니다. 또한 메이저한 장르에 뒤늦게 들어가면 수많은 후발주자 중 한 명이 되지만, 마이너한 장르에 일찍 들어가서 그 장르의 부흥에 공헌하면 개국공신 중 한 명으로 여겨질 수도 있습니다.

결국 자기가 쓰고 싶은 것을 쓰는 게 제일입니다. 글쓰기도 자기가 재밌어야 실력이 늘기 마련이고, 실력이 적당히 늘어난 다음에 자기에게 익숙하지 않은 분야로 진출해도 늦지 않습니다. 하다못해 악기를 배울 때도 연습곡만 연주하면 따분해서 관두기 십상이나, 좋아하는 곡을 초심자용으로 편곡해서 연주하다 보면 금세 재미를 붙이고는 하지 않던가요? 글쓰기도 크게 다르지 않습니다.

물론 메이저한 장르나 마이너한 장르나 폭넓게 좋아하고 치열한 경쟁을 뚫을 실력과 자신이 있으며 가능한 한 높은 고점을 노린다면 메이저한 장르로 가는 것이 본인에게 맞는 선택일 것입니다. 하지만 마이너한 장르가 취향이라면 마이너한 장르에서 먼저 데뷔하고 그곳에서 대표성을 띠는 작가로 활동하는 것 또한 꽤 유용한 전략입니다.

만약 계속해서 마이너한 장르에 머무르는 것이 피곤하다면, 일단 마이너한 장르에서 작품 활동을 시작한 다음에 만족할 때까지 글을 써본 뒤, 자신의 취향이 넓어지거나 기술적으로 완숙해진 다음 메이저한 장르로 넘어가는 것도 방법입니다.

저 역시 이런 방식을 택했습니다. 저도 요즘에는 SF만 쓰지 않습니다. 못 쓰는 장르도 소재도 없습니다. 청탁이 오거나 기획이 생기면 다 쓰겠다고 합니다. 제가 쓰고 싶은 글을 10년 넘게 써보니, 제게 익숙하지 않은 장르의 글도 쓸 수 있을 정도로 심적으로 여유가 생긴 덕분입니다.

사실 학생들이 좀 더 시건방진 소리를 하면 좋겠다고 생각할 때도 있습니다. "내가 만들면 마이너도 메이저가 된다!" 같은 식으로요. 뭐 어떻습니까. 그 정도로 목표점이 높아서 손해를 볼 것도 없잖아요?

실제로 마이너한 장르가 시간이 흐르고 상황이 바뀌면서 메이저한 장르로 발전하는 일을 어렵지 않게 찾아볼 수 있습니다. 웹소설 시장에서도 "아, 그 장르는 좀…."이라고 기피를 받던 장르에서 흥행작이 하나 나오고, 그 뒤를 따라 신규 독자들이 유입된 뒤, 이를 동력으로 삼아 신규 작가들까지 생겨나는 경우가 많습니다. 시장은 고정적이지 않아요. 항상 변화합니다. 그리고 여러분들이 그 변화의 주체가 될 수도 있습니다. 그러니 만약 여러분들에게 도전할 기회가 여러 번 남아 있다면, 우선은 여러분의 취향에 맞게 써보시길 권합니다.

아, 여담입니다만 제가 "당신은 SF를 쓰면 잘 쓸 텐데, 한번 써보지 그래?"라고 제안했을 때 어떻게 자신에게 그렇게 무례한 이야기를 할 수 있냐면서 면박을 주었던 작가는 얼마 전에 SF를 써서 책을 냈습니다. 제 짐작대로 잘 썼고요.

금수저와 근수저
그리고 글수저

    헬스가 유행하다 못해 상식의 영역에 들어서면서 '근수저'라는 재미난 신조어도 나왔지요. 근수저는 마치 부잣집에서 태어나 부유한 환경에서 자란 금수저라는 단어처럼, 태생적으로 근육이 잘 붙는 체질인 사람들을 일컫는 단어입니다. 이런 헬스 열풍 덕분인지, 작가들 사이에서도 흥미로운 신조어가 하나 나왔습니다. 바로 '글근육'이라는 단어지요.

    헬스를 하시는 분들은 항상 운동할 때 꾸준하게 해야 한다고 강조하시지요. 그래야 근손실이 일어나지 않고 근육을 키울 수 있다나요? 글쓰기에서도 마찬가지입니다. 꾸준히 글을 쓰면 글근육이 붙어요. 쓰지 않고 빈둥대는 기간이 길어지면 글근육이 빠지기도 하고요.

또한 운동하다 부상을 입었을 때 잠시 쉬어야 하는 것처럼, 글쓰기도 도중에 일이 잘 풀리지 않거나 문제가 생겼을 때 잠시 쉬어주어야 합니다. 부상을 입은 상태에서 억지로 운동하면 부상이 덧나거나 자세가 비틀리는 것처럼, 글이 안 나올 때 막무가내로 글을 쥐어짜 내면 내용 안에도 억지가 느껴질 때가 있거든요. 어디 그뿐인가요? 글쓰기도 헬스처럼 밥도 잘 먹고 잠도 잘 자야만 합니다. 안 그러면 점점 글의 품질이 떨어져요. 정말 헬스와 글쓰기는 닮은 점이 많습니다.

앞서 근수저라는 신조어에 대한 말씀도 드렸지요? 글쓰기에서도 이런 근수저, 아니 글수저가 있습니다. 처음부터 정말 잘 쓰는 사람들이 있어요. 성장하는 속도도 빠르고요. 그런데 이 또한 헬스랑 마찬가지입니다. 근수저인 사람이 50킬로그램 바벨을 다른 사람보다 빨리 들 수 있을지는 몰라도, 근수저가 아닌 사람도 꾸준히 노력하면 50킬로그램 바벨을 어렵지 않게 들 수 있습니다. 초반에 근육이 붙는 속도가 느리다고 해서 목표했던 무게를 들지 못하는 것은 아니라는 이야기입니다.

물론 헬스장에 다니는 모든 사람이 올림픽에 나가 금메달을 딸 정도의 근육을 얻게 되지는 못하겠지요. 세계신기

록과 같은 높은 성취는 성실한 노력만이 아니라 체계적인 지도와 타고난 재능 그리고 운동에 집중할 수 있는 환경 등 다양한 요소들을 필요로 하니까요. 이는 글근육에서도 다를 바 없는 문제입니다.

하지만 신체에 치명적인 문제가 없는 한 누구나 운동을 열심히 하면 생활에 필요한 근력을 얻을 수 있는 것처럼, 글쓰기 역시 모두가 노벨문학상을 받을 정도의 경지에 이르지는 못하더라도 내가 하고 싶은 이야기를 하나의 완성된 결과물로 만드는 것은 노력만으로도 충분히 달성할 수 있는 목표입니다. 그리고 하고 싶은 이야기를 하나의 완성된 결과물로 만드는 데 필요한 글근육은, 꾸준한 노력만 있다면 여러분들이 염려하시는 것보다 훨씬 더 빠른 기간에 얻을 수 있는 수준입니다.

또한 근수저로 태어났지만 별다른 노력을 하지 않은 사람과, 근육이 잘 붙지 않는 체질임에도 꾸준히 열심히 운동을 한 사람 중 후자의 근육이 더 탄탄하고 자세가 올바른 것처럼, 글쓰기 역시 그저 타고나기만 한 사람보다 꾸준히 노력한 사람이 더 안정적이고 지속적으로 우수한 결과물을 내보일 수 있습니다. 일회적으로는 그저 타고난 사람이 우세할 수 있으나, 근육과 마찬가지로 글 역시 지속력과 장기전은 재능보단 훈련의 영역이기 때문이에요.

이런 성과를 떠나서도 글근육을 키우는 것은 여러모로 도움이 됩니다. 헬스를 해서 근육을 키우면 자세가 변하고 생활이 달라지는 것처럼, 글쓰기를 해서 글근육을 키우면 사고에 논리와 감성이 더해지고 가치관에 깊이가 생겨나거든요. 몸에 근육이 붙으면서 신체에 대한 자신감이 붙는 것처럼 사고에 글근육이 붙으면 정신에 대한 확신이 더해지는 겁니다. 무엇보다 운동에 재미가 붙는 것처럼 글쓰기에도 재미가 붙기 마련이고요. 그것만으로도 충분히 가치가 있는 작업이랍니다.

성장곡선의 형태

 작가 지망생들은 그룹을 짓기도 합니다. 제가 임용된 대학처럼 창작을 목표로 개설된 전공에 소속된 학생들이라면 이렇게 그룹을 짓는 것은 아주 자연스러운 수순이기도 하고요. 그리고 사람들은 그룹 속에서 서로 경쟁하고는 합니다.

 이런 경쟁은 의욕을 키우기도, 지우기도 하지요. 자존감이 낮은 사람들은 경쟁에서 의욕을 잃는 경우가 많고요. 저의 연구실 문을 두드리며 상담을 요청하는 학생들 중에도 (어디까지나 관용적인 표현입니다. 저는 어지간해선 온라인에서만 학생 상담을 진행합니다.) 이런 경쟁이 괴롭고 두려운 나머지 작업을 중단하는 경우도 있습니다.

제발 그러지 좀 말았으면 합니다. 아니, 진짜로요. 다른 사람과 자신을 비교해서 얻을 이득이래 봤자 별거 아닌 우월감이고, 받을 손해를 따져보면 영혼이 무너지는 열등감인데, 고작 주변의 작가 지망생들 사이에서 5분 정도 우월감을 느낄 일말의 가능성을 위해 5개월 동안 열등감으로 몸부림칠 위험을 감수한다면 여러모로 수지타산이 맞지 않는 도박 아닌가요?

애초에 작가들의 실력을 비교하는 기준은 자의적이기 쉽습니다. 판매지수나 수익을 비교하는 건 가능하겠지만 그건 어디까지나 당장의 비교고, 몇 년 뒤에 어떤 차이가 날지는 아무도 모를 노릇입니다. 서로 죽기 전까지의 총수익을 놓고 비교를 한다고 해도 작가의 평판이나 가치는 수익으로만 결정되지 않습니다. 누구는 묘사를 잘하지만 주제 의식이 옅고 누구는 인물을 생생하게 그리지만 사건이 약하기도 합니다. 그런 상황에 어떻게 온전한 비교가 될까요? 그저 더 자학에 자질 있는 사람이 절망할 수밖에 없는 고민 아닌가요?

백번 양보해서 A라는 작가가 B라는 작가보다 총체적으로 더 좋은 결과물을 내고 있다고 해보지요. 그런데 그게 작가 B가 작업을 관둘 이유는 아닙니다. 작업을 할 때 스트레스를 받을 이유도 아니고요. 작가 A를 신경 쓰고 작가 A

를 이겨 먹겠다고 노력해서 그를 넘어서도, 역사적으로 찾아보면 작가 A보다 더 큰 성과를 일구고 영향을 끼친 사람들이 있지 않습니까? 그리고 작가 A가 잘 쓴다고 해서 작가 B의 작품을 읽지 않을 이유는 아니지 않습니까? 다들 왜 그렇게 좁은 시야에 갇혀 고민에 잠기는지 모르겠습니다.

작가 지망생이면서, 글을 쓴 지 1년도 되지 않았으면서 이런 고민을 하고 있다면 부디 상황을 더욱 객관적으로 보기를 강하게 권하고는 합니다. 아니, 기성작가들조차 10년을 쓰고 20년을 써도 아직 더 잘 쓸 수 있지 않을까를 고민하는데, 작가 지망생이 1년 쓴 경험으로 어떻게 자기 자질에 대해 결론을 내릴 수 있겠습니까? 그건 10년 차 작가건 20년 차 작가건 확신할 수 없는 문제입니다.

자신이 질투하거나 열등감을 느끼는 동료 작가 지망생이 어떤 인생을 살아왔고 무슨 노력을 해왔는지 모르는 상황에 어떻게 1년 차의 자신과 상대방을 비교하는지도 모를 노릇입니다. 상대방이나 자신의 재능과 역량에 대해 평가하기에는 너무나도 데이터가 모자랄 텐데요. 작업물의 숫자나 훈련 시간 그리고 수치적 실적 모두 미지수인 상황에 스스로에게는 미래가 없을 것이라 결론부터 짓는 것도 어떤 의미에서는 참 오만한 일입니다.

무엇보다 작가로서 성장하는 과정은 사람에 따라 그

양태가 천차만별입니다. 어떤 사람은 처음에는 확 감을 잡다가 이후로는 지지부진하기도 하고, 어떤 사람은 꾸준하게 조금씩 성장하기도 하고, 어떤 사람은 오랜 세월 동안 번민하다 어느 순간부터 걸작을 만들기도 합니다. 자신의 성장 곡선이 어떤 포물선을 그릴지는 직접 경험하지 않고서는 알 수 없는 노릇입니다.

애초에 작가 활동은 한 철 장사보다는 평생직업에 가깝습니다. 지금 반짝 빛난다고 다가 아닙니다. 30년 동안 활동한 작가가 1년 동안 활동한 작가보다 더 우월한 것도 아니지만, 자기가 만족하고 납득할 순간이 지금 당장이 아니고 아주 먼 순간에 올지 모른다고 해서 아쉬울 필요도 없습니다. 그 순간이 영영 오지 못하더라도 계속해서 노력했던 시간이 즐겁다면 손해를 보는 일도 아니고요.

더욱이 다른 사람이 나보다 잘 나간다고 내 손해가 되지도 않습니다. 등단할 수 있는 자리가 한정된 문단문학이라면 모를까, 장르문학이나 웹소설 시장은 잘 나가는 스타 작가가 하나 탄생하면 그 작가의 작품을 보고 다른 비슷한 작품을 찾는 유입 독자들이 늘어나고는 합니다. 드라마나 영화 시나리오 쪽도 마찬가지고요. 나보다 다른 작가가 좋은 성과를 내면, 그 덕분에 내게 기회가 찾아올 가능성도 늘어나는 것이 시장의 법칙입니다.

물론 열등감이란 무척 안온한 감정이기는 합니다. 더 이상 노력하지 않아도 되고 내가 포기해도 될 좋은 핑계가 되어주니까요. 하지만 저는 그 안온함은 무척이나 중독적이라 생각합니다. 열등감은 건강에 좋은 기호품은 아니니, 부디 사용에는 주의하시길 권합니다.

작가가 되고 싶은 사람과 작업을 하고 싶은 사람

 저는 비교적 오랫동안 작가 지망생으로 지낸 편입니다. 햇수로 8년 정도 되었으려나요. 다행스럽게도 이제 작가로 지낸 기간이 지망생으로 지냈던 기간보다 길어지게 되었습니다만, 어쨌든 데뷔하지 못하는, 수상하지 못하는 작가의 마음은 제법 잘 아는 편입니다.
 작가 지망생 시절, 저는 뭐가 어떻게 되건 어쨌든 죽기 전에 책 한 권은 내고 죽었으면 했습니다. 그리고 제 주변의 작가 지망생들은 대부분 저와 비슷한 생각을 품고 있었고요. 제가 아는 어떤 사람은 등단이 너무 간절한 스스로를 자조하며, 얼굴에 문신을 새기면 직장에 취직하지 못하고 작업에만 열중하게 될 테니까 무슨 문구라도 집어넣겠다고 농담을 던질 정도였습니다.

저는 운이 좋게도 굳이 문신을 새기지 않아도 애초에 취직할 능력이 없어서 평범하게 작업에만 열중할 수 있었습니다. 또 저는 작업을 좋아해서 작업에 열중하기 쉬운 편이기도 하고요. 글을 쓰는 일은 저에게 있어 가장 재미난 일입니다. 십자말풀이나 스도쿠처럼 일상적으로 빠져드는 퍼즐처럼 신나는 뇌운동이라고나 할까요? 그냥 비는 시간이면 글을 쓰고 싶고, 글을 쓰고 있는 도중에조차 다음에 쓸 글, 아직 쓰지 못할 글들이 쓰고 싶습니다. 지금 이 순간조차 다음 단편의 내용을 고민하고 있을 정도니까요.

제가 오랜 작가 지망생 시절을 견딜 수 있었던 것은 제가 작업을 좋아했기 때문이라 생각합니다. 작업을 하고 싶어 하니까 작가가 될 수 있었다고 말하는 편이 더 매끄러울까요?

제가 작업에 대해 알지 못했을 때, 그저 작가가 되고 싶다는 집착만 있던 시절은 그저 괴롭기만 했습니다. 작가가 되지 못하는 내가 싫고, 작가가 될 수 있게 작업물을 만들지 못하는 나 자신이 한심하게만 여겨졌거든요.

작가가 되기만 하면 하루 종일 내 마음대로 살 수 있을 텐데! (아닙니다) 내가 쓴 작품을 보기만 하면 모두가 환호하고 나를 부자로 만들어줄 텐데! (그때는 어렸으니까요) 차세대

천재 작가인 나를 경배해! (별점 테러만 하지 말아주세요….)

바보였습니다. 애초에 작가는 작업을 하는 사람이지 출간이나 등단을 한 사람을 말하는 게 아닐 텐데요. 작업을 하고 싶고 작업을 하는 사람은 출간이나 등단의 타이틀이 있건 없건 작가입니다. 글로 돈을 번 적이 있건 없건 자기 작업물이 있으면 다 작가입니다. 작가 지망생 시절의 저는 그조차도 몰랐던 것이지요. 아니, 몰랐다는 표현은 적절하지 않군요. 출간이나 등단을 하지 못한 나 스스로가 감히 해서는 안 될 생각이라고 경계했다는 것이 정확한 설명이겠습니다.

하지만 이제는 압니다. 작가가 되고 싶은 사람과 작업을 하고 싶은 사람은 다른 사람이라는 사실을 압니다. 그리고 저는 작가가 되기를 포기한 순간에야말로 작업을 하고 싶은 사람으로 온전히 노력할 수 있었습니다.

작업은 하고 싶지 않지만 작가는 되고 싶은 사람은 작가라는 직업이 갖는 피상적인 이미지를 자신을 장식할 액세서리처럼 갖고 싶어 하는 사람이라고 할 수 있겠지요. 작가라고 하면 어쨌든 주변에서 대접 좀 해주니까요. 인터뷰도 하고 강연도 하고 서점에 내 얼굴이 그려진 책이 나오기도 하고 연예인처럼 지낼 수 있을 것 같으니까요.

여기에서 부연하자면, 전 이런 사람을 놀리려고 이런

글을 쓰고 있는 게 아니에요. 저부터가 작업을 한다는 것이 어떤 일인지 모르고 그저 작가가 되고 싶었던 사람이니까요. 어릴 때 작가가 된다는 것이, 작업을 한다는 것이 어떤 일인지 뭘 알고서 작가를 꿈꿨던 게 아니었으니까요. 저런 허영심에서 출발하는 것은 조금 웃길 수는 있지만 어쨌든 허영심은 강한 동력이라는 것도 사실이고요.

다만 결국 작가가 되기 위해서는 베스트셀러 작가가 되어서 인터뷰를 할 때 자신이 성공적인 작가가 될 수 있었던 이유에 대해서 어떻게 대답할지를 고민하는 것보다, 한정판 양장본 천 권에 사인을 해야 할 때 멋도 있으면서 손목도 아프지 않게 휙 그을 수 있는 디자인이 무엇인가에 대해서 궁리하는 것보다, 내가 작업을 좋아하고 계속할 방법에 대해서 고민하는 것이 더 도움이 된다. 하지만 앞의 두 가지 재미가 없으면 할 마음이 안 나는 것도 사실이다. 이 글의 결론은 그렇게 되겠습니다.

제2부

재능 없이

잘 지은 제목 하나
열 주인공 안 부럽다

저는 흥행하는 작품의 공식은 전혀 모르겠습니다. 이러면 잘 팔리고 저러면 잘 나가고… 제가 그 방법을 알면 이 에세이집의 제목도 이렇지 않았겠지요.

하지만 저는 기억에 남는 작품에 대한 공식은 알고 있습니다. 그건 바로 강렬한 제목입니다. 아무리 재미없는 작품이더라도 제목이 쉽고 빠르게 연상이 되면, 그 작품은 기억에 남는 작품이 될 수 있습니다. 물론 제목 때문에 기억에 남는 작품보다는 재미와 깊이 덕분에 기억에 남는 작품을 쓰는 것이 작가로서 더 보람찬 일이겠지 싶기는 합니다만, 어쨌든 기억에 남기는 남으니까요.

저는 가끔 제가 소설을 쓰고 싶은 것인지 제목을 쓰고

싶은 것인지 헷갈릴 때가 많습니다. 항상 좋은 제목을 짓지는 못하지만 언제나 좋은 제목을 떠올리기 위해 안간힘을 씁니다. 성공률이 높지는 않지만 어쨌든 최선을 다하고자 노력합니다.

제가 좋아하는 제 작품의 제목은 다음과 같습니다.

〈공상연애소설〉, 〈대통령 항문에 사보타주〉
〈버려진 곰인형들을 위한 만가〉
〈호랑공주의 우아하고 파괴적인 성인식〉
〈악의와 공포의 용은 익히 아는 자여라〉
〈냉장고와 넷플릭스〉, 〈귀자모신나강전〉
〈유사과학소설작가연맹 탈회의 변〉
〈볼일을 본 뒤에는 반드시 손을 씻으시오〉 등.

흠. 제 인성이나 취향이 정말 잘 드러나는군요.

제가 제목을 지을 때 제가 염두에 두는 조건이 몇 가지 있습니다. 이 조건을 항상 지키지는 못합니다만, 그래도 원칙으로 삼고는 있습니다.

1. 단어 하나로 된 제목은 피할 것
2. 다른 작품에서 제목을 따오지 않을 것

3. 작품의 핵심을 담을 것
4. 기억에 남을만한 내용일 것

우선 단어 하나로 된 제목을 피하는 이유는 간단합니다. 검색했을 때 제 책만 나오기를 원하기 때문입니다. 예를 들어 작품의 제목이 '사랑'인 작품이 있다고 해보지요. 검색만으로 이 작품을 찾기란 무척이나 어려울 것입니다. 여기에 내용을 좀 더해서 '컵라면이 다 익기도 전에 사랑이 식었다', 이렇게 문장형으로 만들면 최소한 검색했을 때 다른 내용과 중복이 될 가능성이 무척이나 줄어들겠지요.

다른 작품에서 제목을 따오지 않는 것도 검색했을 때 제 책만 나왔으면 싶기 때문이지만, 나아가 다른 작가님에 대한 예의가 아니기 때문입니다. 저 역시 〈당신이 잠든 사이에〉라는 옛 러브 코미디 영화의 제목을 딴 단편을 한 번 쓴 적이 있긴 하지만, 원작의 이미지를 훼손하거나 고유성을 해칠 위험이 있는 일이기에 두고두고 후회 중입니다.

작품의 핵심을 담으려고 하는 것은 제가 소재와 사건 중심의 장르적인 작품을 많이 쓰기 때문입니다. 제 소설을 읽기 전에 제목만 보고서도 그 작품의 핵심 소재는 무엇인지, 어떤 사건이 일어날 것인지, 무슨 장르에 속하는 작품인지를 직관적으로 알 수 있도록 배치하는 게 목표입니다. 영화 포스터를 보고 작품의 내용을 짐작할 수 있는 것처럼, 제 작품의 제목만 보고도 기승전결의 승까지는 짐작할 수 있도록 설계하고자 하는 거죠.

기억에 남을만한 내용일 것이 사실 가장 핵심입니다. 요즘은 워낙 읽고 보고 할 작품들이 많으니까요. 이 정보의 홍수 속에서 독자 여러분들이 저를 잊지 않아주셨으면 하는 마음에 임팩트를 담고자 노력하는 것이지요. 만약 이 마지막 조건만 달성할 수 있다면 위의 세 원칙은 포기할 수도 있는 노릇입니다.

그런 점에서 제가 지은 제목 중 가장 마음에 드는 제목은 〈버려진 곰인형들을 위한 만가〉입니다. 일단 단어 하나로 지어진 제목은 아니지요. 제가 만약 이 작품의 제목을 '곰인형'이라고 지었다면, 아무리 검색해도 제 책이 1페이지에 뜨기는 어려웠을 것입니다. 다른 작품에서 제목을 따온 것도 아니지요. 〈G전장 헤븐즈도어〉라는 작품에 등장하는 작중작인 〈우리들의 만가〉에서 영향을 받기는 했지만 두 작품이 헷갈리거나 하지는 않을 정도로 조정을 했고요. 작품의 핵심이 될 인물이나 사건들에 대한 암시도 충분합니다. 무엇보다 버려진 곰인형들을 마음에 담지 않고 잊어버릴 수 있는 사람은, 제가 뭘 해도 그 사람의 기억에 남을만한 일을 할 수는 없을 것이기에 마지막 조건도 충분히 달성했고 말이지요.

기획서를 쓰는 이유

저는 학생들에게 작업에 들어가기 전, 간단한 기획서를 작성하도록 권유합니다. 여러 작법서에서도 기획서의 중요성을 강조하기도 하고요. 기획서를 써야 하는 이유를 간단히 정리하자면 작품을 계획적으로 쓰기 위해서, 기승전결을 명확히 하기 위해서, 세심한 의도를 담기 위해서, 협업 과정을 위해서 등 여러 이유가 있겠지요.

많은 지망생이 간과하는 일입니다만, 작품을 계획적으로 쓰는 것은 상당히 중요한 일입니다. 물론 기세를 몰아 번뜩이는 영감에 의존해 한 번에 파바박 쓰면 옆에서 보기에 폼이 나긴 할 겁니다. 작가가 접신한 것처럼 재능이 폭발하는 순간으로 보이기도 할 테고요. 저 역시 그렇게 기세에 의존해서 쓰는 글도 좋다고 봅니다.

하지만 그런 기세라는 것이, 번뜩이는 영감이라는 것이 자주 또 자연스레 떠오르지는 않는 법이더군요. 아마 상시 기세가 팔팔 타오르고 번뜩이는 영감으로 눈이 부신, 그런 인생을 사는 작가도 없지는 않겠지요. 저야 그런 분을 한 번도 보지 못했지만요. 일단 그런 분들만 작가를 해야 한다는 법이 없는 것은 확실합니다.

그렇기에 기세가 약해졌을 때도, 영감이 내려오지 않을 때도 작업을 하기 위해서 우리는 기획서를 필요로 합니다. 지금 당장 떠오르는 아이디어가 없더라도, 기세가 타오르지 않더라도 예전에 써놓은 기획서를 기반으로 작업하면 최저한의 완성도는 보장할 수 있으니까요.

더욱이 이 기세에는 기복이 있기 마련입니다. 야구로 비유를 들어서 죄송하지만, 리그 최정상의 타자라도 타율이 5할을 넘기는 어렵습니다. 화요일 경기에서는 몰아쳤다가 금요일 경기에선 맥을 못 추기도 하고요. 작가도 마찬가지입니다. 월요일 새벽 2시에는 글감이 폭포수처럼 쏟아지다가 토요일 오후 4시에는 한 글자도 치기 어려울 때가 있으니까요.

"나는 언제든 잘 쓸 수 있어!"라고 하는 작가가 있더라도 계획은 필요하기 마련입니다. 그야 어쩔 수 없는 노릇인

게, 사람이 항상 작업에만 몰두할 수 있는 것이 아니거든요. 어느 날은 친구 결혼식에 가야 하고 어느 날은 배탈이 나서 병원에 실려 가고 어느 날은 컴퓨터가 고장이 나서 작업을 못하게 되고는 합니다. 그럴 때, 기획서가 있고 작업 일정을 잡아놓은 작가라면 어렵지 않게 일정을 조율할 수 있습니다. 기세에 의존하는 작가는 다시 기세를 끌어모아야 하겠지만요.

기세에만 의존하는 작가 중에는 이런 문제가 생기기도 합니다. 이를테면 작품을 처음 쓰기 시작했을 때는 자신만만하게 강한 기세로 작품을 쭉쭉 시원하게 써 내려가다가, 이제 사건을 마무리하고 결론을 지어야 할 때는 체력이 고갈되어서 물에 물 탄 듯, 술에 술 탄 듯 흐릿한 결말을 짓고 땡, 끝을 내버리고는 하는 것이지요. 기획서를 썼다면 기세가 약해졌어도 예정했던 순서를 따라 사건을 진행해 기승전결의 밸런스를 지킬 수 있었을 테지만 말이에요.

무엇보다 혼자 작업하는 것이 아닐 경우, 협업을 할 때 기획서는 너무나도 중요합니다. 하다못해 멘토들에게 도움을 요청할 때는 특히 그러합니다.

학생들이 작품 상담을 요청하며 800매짜리 완성고를 갖고 오면, 솔직히 제가 피드백을 할 수 있는 영역이 많지 않습니다. 기초적인 설정 중 하나만 고치면 작품이 무척 매끄러워질 것 같은데, 이미 다 쓴 원고를 다 갈아엎으라고 할 수는 없으니까요. 조연 캐릭터의 성별을 바꾸면 이야기가 매끄러워질 것 같은데, 이제까지 나온 묘사나 대화를 다 뒤집어엎으라고 하기는 어려우니까요. 학생 자신이 저를 어지간히 믿고 따르지 않는 한, 이렇게 과감한 대규모의 수술은 권하기 어렵고 권하고 싶지도 않습니다.

무엇보다 800매짜리 원고를 처음부터 끝까지 다 읽는 것도 곤혹스러운 일입니다. 처음부터 끝까지 제가 내용을 하나하나 다 살펴봐야 하니까요. 저는 이렇게 완성된 원고에 대한 피드백을 요청받을 때도 기획서나 내용을 정리한 페이퍼를 꼭 요청하고는 합니다. 작품의 독자가 아니라 기획자, 편집자의 입장에서 원고를 봐야 할 때는 A부터 Z까지 볼 게 아니라 Z에서 A까지 보는 게 더 효율적이기 때문입니다.

학생이 기획서를 들고 피드백을 요청받으러 오면 학생도, 저도 효율적이고 신속하게 작품을 개발할 수 있습니다. 기획서 단계에서 수정을 요청하니 반영도 빠르고, 전체적인 균형을 조율하기도 훨씬 수월해집니다. 작품을 집필할 때도 그 장면의 의도와 목적을 이해하고 한 장면, 한 장면 지켜볼 수 있으니 간단히 완성도를 높일 수 있는 것이지요.

그러니 여러분들도 부디 집필 전에 기획서에서 출발하

시는 것을 강하게 권하는 바입니다. 기획서 자체를 완벽하게 쓸 필요도 없으니 부담도 갖지 마시고요. 여러분들이 알아볼 수 있을 정도의 간단한 메모에서 출발하셔도 좋습니다.

기획서대로 쓰지 않는 이유

학생들이 작품을 쓰다 작업 시간이 갑자기 늘어나는 경우가 있습니다. 그때 학생들과 상담하면 학생들이 이렇게 고민을 토로하고는 합니다.

작품이 기획서대로 써지지 않습니다. 그래서 원고를 수정하느라 시간을 다 빼앗기고 말아요. 어떻게 하면 좋을까요?

그럴 때마다 저는 이렇게 대답하고는 합니다.

그러면 기획서대로 쓰지 않으면 되겠네요.

라고요.

농담이 아닙니다. 기획서대로 써지지 않을 때는 기획서대로 쓰지 않으면 됩니다. 그리고 이는 문제도, 실패도 아닙니다. 작업을 하는 과정 중 자연스레 생기는 변화예요. 그저 본인의 마음이 가는 대로 글을 쓰셔도 좋습니다.

바로 전 글에서 기획서의 중요성을 그렇게 설파해놓고선, 이 글에서는 기획서대로 쓰지 않아도 괜찮다고 하다니 제가 모순된 주장을 하는 것으로 보이실 수도 있겠습니다. 하지만 저는 이렇게 말씀드리고 싶어요.

"기획서를 썼기 때문에, 기획서를 쓰지 않을 수 있다."

"기획서를 쓰지 않기 위해 기획서를 쓴다."

라고 말이지요.

우선 기획서대로 쓰지 않아야 할 필요성에 대해서 말씀드리도록 해보지요. 작품을 만들다 보면 예상대로 일이 굴러가지 않고는 합니다. 당연합니다. 어떻게 작품을 직접 쓰기도 전에 그 작품이 어떻게 다 나올지 예상할 수 있겠습니까? 그게 가능한 작가님들이 계신다면 그건 그 작가님의 특성인 것이지, 그게 불가능하다고 해서 작가로서의 재능이 부족하거나 하는 것이 결코 아닙니다.

영화 촬영의 예시를 들어보지요. 영화 촬영 중에도 배우가 애드립을 하기도 하고, 그날의 날씨나 상황에 따라 촬영장이 바뀌기도 하고, 여러 시점에서 장면을 찍은 다음에 가장 마음에 드는 장면만 살리기도 하는 식으로 무언가를 만드는 과정에서 변수가 생기는 일은 아주 흔한 일입니다. 아예 〈스타워즈〉 시리즈의 마크 해밀처럼, 주연배우가 사고가 나서 부상을 입는 바람에 촬영방식을 완전히 뒤집는 경우도 있을 정도니까요.

애초에 창작을 할 때 우리는 작품의 완성도를 높이기 위해 노력합니다. 그리고 기획서대로 진행하는 것은 작품의 완성도를 높이기 위한 노력 중 하나에 불과하지, 그 자체가 목표거나 우선순위인 경우는 많지 않습니다. 그렇기에 기획서대로 진행하기 위해 작품의 완성도를 희생한다면 그것은 본말이 전도된 일입니다.

기획서에 변수가 생기는 이유는 다양합니다. 즉흥적으로 더 좋은 아이디어가 떠오를 수도 있고, 외부 환경의 요인으로 인해 기존의 기획을 그대로 유지하지 못할 수도 있습니다. 이는 놀랄 일도, 안타까운 일도 아닙니다.

애초에 작업을 만드는 시점은 기획서를 작성하는 시점보다 뒤에 있습니다. 즉, 작품에 대한 고민이나 생각이 기획서를 작성하는 시점보다 더 깊어졌을 때가 많습니다. 격투만화로 치면 "이 녀석, 싸우는 도중에 성장했어!" 같은 상황이 창작의 과정에서도 흔히 일어나는 것입니다.

그러니 이렇게 기획서대로 흘러가지 않는 변수는 그 자

체로 작품에 생생한 생명력을 더하는 과정이 될 수 있습니다. 물론 하루아침에 모든 내용을 다 바꾸고 수정하느라 작업에 진척이 없다면 곤란하겠습니다만, 기획을 변경할 타당한 논리와 이유가 있다면, 그에 따른 심각한 문제가 없다면 기획을 중도에 변경하는 것은 오히려 작품을 더 흥미롭게 만들어주고는 합니다.

그리고 놀랍게도, 이렇게 즉흥적이기 위해서는 계획이 필요합니다. 기획서대로 쓰지 않기 위해서는 기획서가 있어야만 합니다.

갑자기 더 좋은 아이디어가 떠올랐을 때, 기획서가 있는 사람은 그 기획서를 보고 이 좋은 아이디어를 반영하기 위해 어떤 장면을 수정하고 어떤 설정을 변경해야 할지를 간단히 리스트업할 수 있습니다. 수정할 내용을 한눈에 확인할 수 있는 것이지요.

반대로 기획서가 없는 사람은 더 좋은 아이디어가 떠올랐을 때 어디부터 어디까지 수정해야 할지를 자신의 직관과 기억력에 의존해야만 합니다. 즉, 아무리 좋은 아이디어가 떠올랐어도 기획서가 없다면 기획서가 있을 때보다 훨씬 더 큰 품을 들여서 이 아이디어를 반영하게 되는 셈입니다.

저 개인적으로는 제 대표작이라 할 수 있는 《무안만용 가르바니온》을 쓸 때 이와 같은 경험을 한 바 있습니다. 아이디어는 많았고 간단한 기획도 잘 정돈해놓은 상태였어요. 하지만 글을 쓰던 와중, 편집자님이 이런 질문을 주셨습니다.

 주인공이 왜 성장하지 않나요?

그때까지 저는 인물이 성장해야 한다는 생각을 단 한 번도 한 적이 없었기에, 그 질문이 그저 생소하기만 했어요. 하지만 꼭 필요한 변화였다고도 직감했고요.

결국 저는 편집자님의 조언을 따라 인물을 성장시키는 방향으로 기획을 대폭 수정했고, 결말 부분을 상당량 추가했습니다. 덕분에 그 소설은 제가 그때 가졌던 실력 이상의 엔딩을 맞이하였고 제2회 SF 어워드의 장편 부문 대상으로 선정되었지요.

주장하고
질문하고
보여주고

 주제는 됐고, 재미만 있으면 그만이죠.

이 이야기는 사실 별 영양가가 없습니다. 자기는 재미만 따지는 순수주의자라는 자의식을 내보이는 것 외에는 딱히 도움이 되지 않지요.

재미만 있으면 그만이라는 이야기는 창작의 공정에서의 고민을 뭉개버립니다. 작중 감정을 유발하기 위해 작가가 설계한 수많은 장치들의 역할과 그로 인한 희로애락에서 나오는 다채로운 풍미를 그냥 재미라는 단어로 뭉개버리면 어떠한 비평도, 성찰도 작동하지 않습니다. 재미만 있으면 그만이라는 이야기는 진짜로 재미만 있으면 된다는 의미가 아니라 귀찮고 피곤하니까 나한테 이것저것 고민하게 하지 말라는 불성실함과 게으름의 발로에 불과합니다.

어떤 사람들은 주제와 재미는 반비례하는 요소라고 주장하기까지 합니다만, 결코 동의할 수 없는 주장입니다. 주제에 주의를 빼앗긴 나머지 재미를 잃는 경우가 드물지 않은 것은 사실입니다. 하지만 주제에 대해 치열하게 파고들었기에, 더욱더 깊고 원숙한 재미로 연결되는 경우가 많다는 것 또한 사실입니다.

주제는 작품에 일체감을 부여합니다. 인물과 사건 그리고 배경에 주제라고 하는 테마가 더해짐으로써 각 요소가 유기적으로 연결되고 이야기가 살아 숨 쉬게 되는 것입니다.

또한 주제는 감정 이입의 통로가 되기도 합니다. 작중 인물들의 고민은 주제와 연결되기 마련이고, 독자들은 그 고민의 결과에, 작품에서 담고 있는 주제에 납득하고 수긍하면서 등장인물들을 더 가깝게 여기고는 합니다.

주제는 작품을 입체적으로 만들고 또 즐길 때 활용하기 아주 좋은 재료입니다. 주제에 대한 의식 없이 재미난 작품을 만드는 게 불가능하지는 않지만, 주제가 없거나 거리를 두어야만 재미난 작품을 만들 수 있다는 주장은 실제 그러하다는 증명보다는 주제가 선명한 작품과 주제가 불투명한 작품 중 후자의 분류에 속하는 작품만 즐기겠다는 독단적인 태도에 가깝습니다.

저는 학생들에게 수업할 때 주제를 표현하는 방법을 크

게 세 가지로 나누어 가르치고는 합니다. 하나는 주장하는 방법. 다른 하나는 질문하는 방법. 마지막 하나는 보여주는 방법. 이렇게 세 가지로 말이지요.

주장하는 방법은 작가가 작품 안에 강하고 선명하게 주제를 남기는 경우입니다. "사랑은 아낌없이 나누어주는 것이다."라는 명확한 주제를 가진 작품이 있다고 해볼까요? 이런 작품이라면 주인공이 다른 사람을 사랑하는 과정에서 우여곡절을 겪다 자신이 가진 것을 상대방에게 나누어주고 그로 인해 충족감을 얻는 식으로 결말이 날 것입니다.

이 방법은 이론의 여지가 없이 선명하다는 것이 장점으로, 단순하게 다가온다는 것이 단점으로 여겨지고는 합니다. 입체적이고 깊이 있는 것처럼 보이는 작품을 좋아하는 사람들은 이런 주장하는 방법을 평가절하하고는 합니다만, 필요와 상황에 따라서 얼마든지 입체적이고 깊이 있는 작품을 만드는 방법인 것은 분명합니다.

질문하는 방법은 작가가 작품을 통해 독자들이 더욱더 고민하고 생각할 계기를 남겨주는 경우입니다. "사랑이란 무엇일까?"라는 화두를 가진 작품이 있다면, 이 작품은 주인공이 사랑과 관련하여 다양한 딜레마를 마주하고 어떤 것이 정답일지 확신하지 못하는 상태로 여운이 남는 결말이 나겠지요.

이 방법은 간단히 이야기를 입체적으로 만들면서 논쟁

거리를 남기는 방식입니다. 따라서 쉽게 여운을 남기고 깊은 인상을 줄 수 있는 반면, 작가가 무책임하게 일단 사람들이 실컷 떠들 떡밥들만 던져놓고 끝내는 식으로 남용될 위험도 갖고 있습니다.

마지막으로 보여주는 방법은 작가가 명확한 주제를 전달하거나 질문을 던지기보단, 그 주제와 관련된 다양한 상황과 장면들을 그저 제시하는 것으로 그치는 경우입니다. 앞선 두 방법의 예시로 "사랑이란 아낌없이 나누어주는 것이다."와 "사랑이란 무엇일까?"라는 두 주제를 임의로 만들어봤는데요. 이 경우는 "사랑" 그 자체를 주제로 삼는 경우라고 할 수 있겠지요. 이런 형태의 작품은 테마와 연관된 온갖 종류의 심상을 늘어놓고, 감상자가 자의적으로 그 안에서 자신만의 인상 혹은 답을 떠올리기를 기대합니다.

이 방법은 물에 물 탄 듯, 술에 술 탄 듯 흐릿한 이미지입니다. 하지만 하나의 주제에 대해 보다 더 많은 이야기를 해야만 할 때 유리한 방법인 것은 분명합니다.

이 세 가지 방법 중 어느 방법이 더 우월하다거나 예술적이라거나 하지는 않습니다. 그저 작가가 지금 쓰는 작품에 어떤 방법이 더 어울릴지 고민해서 사용하기만 하면 되는 문제입니다. 그야, 작품을 재미있게 만들 수만 있으면 어떤 방법을 쓰건 그만이니까요.

주제도 모르는 작가

주제는 정하지 않아도 됩니다. 물론 바로 앞의 장에서 주제는 중요하다고 말씀드린 바 있습니다. 재미에는 다층적인 요인이 있고 주제도 그중 하나라고 말씀드리기도 했고요.

하지만 그렇다고 해서 주제를 정하고 이야기를 만들어야만 한다는 이야기는 아니었습니다. 그리고 이 주장은 절대 모순되지 않습니다. 여러분이 작품의 주제를 정하지 않더라도 주제는 작품 속에서 자연스레 떠오르고는 하기 때문입니다.

앞선 글에서 제가 주제는 작품에 일체감을 부여하고 인물에게 감정 이입하도록 이끌며 이야기를 입체적으로 만들 때 활용하기 좋다고 말씀드린 바 있습니다. 그리고 이는 반대로도 작동합니다.

주제가 작품에 일체감을 부여한다는 이야기는, 역으로 작품에 일체감을 부여하면 그 안에서 자연스레 주제가 떠오른다는 이야기이기도 합니다. 인물에게 감정 이입하도록 장면을 묘사해도 그 안에서 주제가 떠오릅니다. 주제가 이야기를 입체적으로 만드는 것처럼, 이야기를 입체적으로 만들 때도 그 안에서 주제가 떠오릅니다.

여러분들이 주제를 생각하지 않고 글을 써도 주제가 담기고는 합니다. 애초에 각 장르와 그 소재는 필연적으로 내포하고 있는 주제가 있기 마련이거든요. 좀비 이야기를 만들면서 자본에 의한 노동자들의 착취를 제외하고 말할 수 있나요? 저주받은 원령의 이야기를 만들면서 애도와 작별을 무시하고 묘사할 수 있나요? 이렇게 특별히 다른 주제 의식이나 구조적 변주를 하지 않는 한, 그 장르에는 자연스레 떠오르는 내용들이 있기 마련입니다.

장르 공식을 떠나서도 이는 마찬가지입니다. 여러분들이 작품을 만들 때 굳이 주제 의식으로 무언가를 정하지 않더라도, 그 시기에 여러분들이 겪은 충격적인 사건이나 심사숙고해야만 하는 상황이 있다면, 그에 관한 내용이 무의식적으로 작품 안에 녹아들기 마련입니다.

제가 겪은 일을 예시로 말씀드리지요. 저는 오래전 〈비인가하교자문위원 선홍지의 청춘개론〉이라는 단편 소설을 집필한 바 있습니다. 여기에서 이 선홍지라고 하는 캐릭터는 동급생들이 수업을 빠지고 땡땡이를 치도록 도와주는 일을 전문으로 하는 일종의 해결사, 탐정의 역할을 맡고 있었습니다. 그리고 이 작품에서 선홍지는 정오손이라고 하는 동급생이 좋아하는 배우의 GV에 참여할 수 있도록 학교를 땡땡이치는 작전을 세워줍니다.

당시 저는 그저 이 작품이 아르바이트를 하러 간 곳에서 빨리 퇴근하고 싶어서 쓴 소설이라고만 생각했습니다. 처음 기획서를 작성할 때도 확실히 어서 퇴근하고 싶은 마음, 하기 싫은 일을 피하고 싶은 마음을 과장되고 코믹하게 연출하는 게 목표라고 메모해놓았을 정도로 저는 제 주제 의식에 대한 확신이 있었습니다.

하지만 몇 년 뒤 제가 쓴 글을 다시 읽는 과정에서 저는 이 작품이 완전히 다른 주제 의식 속에서 쓰인 글이라는 사실을 깨달았습니다. 제가 저자임에도 불구하고 몇 년 동안이나 저는 제 작품을 오해하고 있었습니다.

〈비인가하교자문위원 선홍지의 청춘개론〉은 세월호에 관한 이야기였습니다. 어른들의 명령에도 가만히 앉아만 있을 수 없는 아이들이 스스로의 힘으로 탈출하는 이야기였습니다.

제가 그렇게 정하고 쓴 글이 아니었지만, 그런 내용이라고 인식하고 쓰지도 못했습니다만, 몇 년 뒤에 다시 본 저의 글은 분명 그렇게 말하고 있었습니다. 그 시기 저의 너무나도 부끄럽고 미안했던 무의식이 작품 속에 몰래 숨어 저에게 다시 발견되기만을 기다리고 있었던 것이지요.

이는 비단 저처럼 재능 없는 작가에게만 일어나는 일이 아닙니다. J. R. R. 톨킨은 《반지의 제왕》의 절대 반지는 핵에 대한 은유가 아니라고 부정한 바 있습니다. 그리고 이에 대해 아이작 아시모프는 "톨킨이 뭐라고 주장하건, 절대 반지는 핵에 대한 은유가 맞다."라고 평가를 하였고요.

저 역시 여기서는 아이작 아시모프의 손을 드는 바입니다. 어떤 경우에 주제는 저자의 의도를 벗어나서 제멋대로 날뛰면서 작품 안을 종횡무진으로 가로지르고는 합니다. 저자가 작품에 몰두하고 인물들에 이입하여 입체적인 이야기를 이끄는 경우에는 특히나 더 그러하지요.

슈퍼 마리오 1탄이 재미있는 이유

3만 년 전의 일입니다. 그때 신은 세계를 창조했죠. 하지만 신이 만든 세계에 불만을 가진 이들이 나타나기 시작했습니다. 그들은 신의 눈길을 피해 지하에 그들만의 세계를 만들었습니다. 신은 자신의 인식에서 벗어나는 세계를 용납할 수 없었고, 자신의 군대를 보내 지하에 숨은 세력들을 징벌하려고 했습니다. 이렇게 신을 따르는 자와 거부하는 자, 두 세력 사이의 기나긴 전쟁이 일어났습니다. 신을 따르는 자들은 천사로, 신을 거부하는 자들은 악마로 불리게 되었습니다. 천사들은 여덟 천사장이라는, 악마들은 십마왕이라는 지도자가 나와 그들의 독자적인 세력을 불리게 되었습니다. 그런 와중 천사도, 악마도 아닌 제3의 세력인 인간들이 태어났고 천사와 악마 모두 이 인간이라고 하는 존재에 대해 관심을 갖고 그들을 자신의 편으로 포섭하기 위해 또 다른 갈등을 빚기 시작했습니다.

…와 같은 이야기를 제발 쓰지 말라고 학생들에게 강하게 말하고는 합니다. 이 비슷한 글을 써오면 "3만 년부터 출발하면 안 된다고 했었지요?"라고 지적합니다.

3만 년 전부터 쓰면 1년에 한 글자만 써도 3만 자가 나오는데 프롤로그만 3만 자 쓰면 독자들이 지치지 않을까요?

라고도 지적하고요.

위의 첫 문단은 어디까지나 거창한 농담에 불과합니다만, 실제로 가끔 학생들이 대작을 갖고 오는 경우가 있습니다. 뛰어난 작품이라는 의미의 대작보다는 규모가 큰 작품이라는 의미의 대작을 말이지요.

그럴 때마다 저는 학생들에게 조심스레 질문을 하고는 합니다.

어떤 작품을 제일 좋아해요?

라고요. 그리고 놀랍지 않게도, 많은 경우 이렇게 대작을 갖고 온 학생 중 대다수가 이렇게 대답하고는 했습니다.

미우라 켄타로 작가님의 〈베르세르크〉를 제일 좋아합니다.

진짜로요.

〈베르세르크〉… 명작이지요. 저도 무척 좋아하는 작품입니다. 저는 미우라 켄타로 작가님의 역량과 개성이 가장 잘 담긴 작품은 〈기간트마키아〉라고 생각하기는 합니다만, 〈베르세르크〉가 갖는 어떤 대표성은 결코 무시할 수 없다고도 생각합니다. 많은 사람이 걸작으로 분류하는 데는 그에 어울리는 이유가 있기 마련이지요.

저는 작가 지망생이 〈베르세르크〉풍의 작품을 쓰고 싶어 한다는 사실만으로 만류하지는 않습니다. 걸작을 쓰고 싶어 하는 게 나쁜 일일 리 없으니까요. 중학교 때부터 설정을 짠 작품이라고 해도 문제 삼지 않습니다. (저의 동료 교수님인 양 모 교수님께서는 '중학교 때부터 설정을 짠 작품은 중학생이나 떠올릴 법한 작품일 가능성이 높다'라고 지적하신 바 있는데, 저 역시 이에 동의하는 바입니다만 그 자체로 문제 삼지는 않습니다.)

하지만 〈베르세르크〉와 같은 작품을 쓰고 싶다면, 〈베르세르크〉의 구성이 얼마나 기능적이고 매끄러운지를 분석해야 한다는 점은 몇 번이고 강조하고는 합니다. 〈베르세르크〉는 작품 속 배경과 설정 등 그 스케일과 규모가 어마어마하게 큽니다만, 독자들이 그 이야기에 어렵지 않게 따라올 수 있도록 영리하게 설계된 작품이기도 합니다.

〈베르세르크〉는 전체적으로 보면 무척이나 스케일이 큰 이야기지만, 도입에서 한정해보면 규모가 작습니다. 3만 년 전에서 출발하는 게 아니라, 3권으로 끝을 냅니다. 〈베르세르크〉의 첫 세 권은 작품의 분위기와 비주얼 그리고 핵심 설정을 전달하기 위해 특화된 구성입니다. 이 초반은 스케일이 그렇게 크지도 않습니다. 이후에는 세계의 운명을 좌우하는 거대한 음모와 모험으로 규모가 커집니다만, 당장 독자들이 이 세계에 녹아들 수 있도록 거대한 검을 등에 진 검사 가츠와 요정 파크의 투쟁을 여러 에피소드를 통해 기승전결이 딱 맞아떨어지게 배치했지요.

독자들이 처음 〈베르세르크〉를 보고 반한 것은 주인공 가츠의 과거 회상이 시작되는 3권까지, 작품의 분위기와 핵심 설정만을 전달하기 위해 배치된 이야기였습니다. 물론 그 이후에 더욱더 매력적이고 스케일이 큰 이야기가 나오면서 그 팬심이 깊어지기는 했겠습니다만, 우선은 앞의 3권이 마중물 역할을 잘 해냈기에 다음 10권이, 30권까지 시리즈가 이어질 수 있었던 것 또한 분명합니다.

그러니 작가를 지망하시는 많은 분께, 특히 〈베르세르

크〉와 같이 스케일이 큰 대작을 만들고 싶은 분들에게 감히 간언을 드립니다. 부디 3만 년 전부터 출발하지 마시길, 인상 깊은 3일의 도입에서 출발해서 3만 년 전으로 이끌어주시길, 절대로 서두르지 말고 더 기능적이고 효율적인 배치를 하시길 권합니다. 대작에는 대작만이 가져야 할 품격이 있는 법이니까요.

이는 소설이나 만화만의 이야기가 아닙니다. 게임에서도 마찬가지로 적용되는 문제예요. 얼마 전, 〈슈퍼 마리오 브라더스〉 스테이지 1의 레벨 디자인을 분석한 글을 보았습니다. 그 안에 배치된 아이템이나 장애물들이 얼마나 정교하게 짜인 것인지 감탄을 금할 길이 없더군요. 어릴 때부터 100번 가까이 플레이한 스테이지임에도 이렇게 섬세하게 설계되었다는 사실은 전혀 짐작하지 못했습니다. 그 정도로 자연스럽게, 물 흐르듯 플레이어에게 튜토리얼의 경험을 주도록 계산해서 만들었다는 이야기겠지요.

예를 들자면 이렇습니다. 처음에 〈슈퍼 마리오 브라더스〉를 시작하면 마리오가 화면의 왼쪽 아래에 자리를 잡고서 오른쪽을 바라보고 있습니다. 이는 자연스레 플레이어가 마리오를 오른쪽으로 이동하도록 유도합니다. 동시에 이미 화면에서 지나간 길로 되돌아갈 수 없다는 경험도 할 수 있지요. 다음으로는 물음표가 그려진 박스와 굼바가 나옵니다. 굼바는 적대적인 표정을 하고 있어서 점프를 해서 이 굼바를 피해야 한다고 짐작하게 해주지요. 또한 그 과정에서 플레이어는 물음표가 박스와 충돌하거나 하단에서 부딪히는 경험을 하게 되는데, 그렇게 하면 이번에는 버섯이 등장합니다. 이 버섯은 굼바에 비해 표정이 없고 피하기도 까다로워 무방비하게 마리오와 부딪히기 좋고, 그 순간 마리오는 아까보다 크기가 커져 점프로 벽돌을 부수거나 하는 식으로 강화된 모습을 보여줍니다.

저는 소설의 도입은 반드시 이렇게 정교하게 설계해야 한다고 생각합니다. (생각이 그렇다는 것이지, 성공했다는 이야기는 아닙니다.) 흔히 말하는 것처럼 모든 장면에는 의도가 있어야 하는 것이지요.

그 어느 작법서를 읽어보더라도 도입이 강렬해야 한다는 것에는 이론이 없습니다. 특히 작가가 팬덤이 굳건하지 않은 경우, 신인으로 처음 자신을 선보여야 할 때는 더더욱 그러합니다. 또한 장르적인 성격이 강한 작품인 경우, 복잡한 세계관과 다채로운 설정으로 가득한 작품인 경우라면 〈슈퍼 마리오 브라더스〉 스테이지 1의 레벨 디자인처럼, 그 도입부에 독자들이 자연스레 그 세계 안에 녹아들 수 있도록 안내하는 튜토리얼의 역할마저 요구됩니다. 명확하고 또 간결하게 필요한 정보를 전달해야만 하는 것이지요.

말이 많으면 일을 못 하고 일이 많으면 집을 못 가고 집을 가면 말을 못 한다

 흔히 소설의 3요소로 인물과 사건 그리고 배경을 꼽고는 하지요. 상식적인 이야기입니다. 저는 이 세 요소의 비율이 어느 정도로 나뉘느냐에 따라 작법을 달리하고는 합니다. 여기서는 그에 대해 간단히 설명해드리고자 합니다.

 모두가 알 법한 영화를 예시로 들어볼까요? 죽기 직전의 작가가 글쓰기를 통해 딸과 교류하는 이야기를 다룬 영화 〈더 웨일〉 같은 작품은 인물과 사건 그리고 배경에서 인물에 좀 더 무게를 더하기 좋습니다. 사건은 조금 특이할 수 있지만 현대 사회를 배경으로 하기에 이에 대한 정보를 전달할 필요가 적고, 그만큼 인물의 감정선과 선택에 더 집중할 수 있는 것입니다.

인물이나 배경보다 사건이 더 핵심인 작품도 있습니다. 〈메간〉을 예시로 들어볼까요? 이 작품의 주인공 젬마는 부모님을 잃고 외로워하는 조카, 케이디에게 AI 로봇 메간을 선물합니다. 그러다 메간이 폭주해서 케이디 주변의 사람들을 살해하기 시작한다는 내용인데요. 이 작품에서 젬마라는 인물은 누구나 이입하기 좋게, 보편적인 감성을 갖고 있습니다. 매우 뛰어난 공학자이니 특별하기는 해도 사고방식이나 감정선이 특이한 인물은 아니에요. 그렇기 때문에 AI 로봇이 폭주할 때 사람들이 그에 이입하기 편리하고요.

마지막으로 배경이 인물이나 사건을 압도하는 작품들도 있습니다. 〈아바타〉 같은 작품이 그 예시가 될 것 같은데요. 이 작품은 머나먼 미래, 인류가 외계의 행성 판도라에 가면서 일어나는 이야기를 다루고 있지요. 어떤 사람들은 〈아바타〉가 매우 뻔한 주인공이 나와 할리우드에서 몇 번이고 나왔던 스토리를 반복한다고 비판하기는 했습니다만, 저는 이는 어쩔 수 없는 일이라고 생각합니다. 〈아바타〉의 진짜 주역은 외계 행성 판도라니까요. 판도라에게 무게중심이 더해지기 위해서 다른 인물이나 사건들은 더욱 가벼워질 필요가 있었습니다.

네, 맞습니다. 우리에게 주어진 파이는 한정적이에요. 인물과 사건 그리고 배경은 이 파이를 나눠 가져야만 합니다. 그리고 이야기에 따라 인물과 사건 그리고 배경을 어느 비중으로 나누는가에 대한 기준이 달라지게 될 거예요. 드라마가 핵심이라면 인물이, 스릴 넘치는 액션이 메인이라면 사건이, 장대한 세계와 무대가 주는 스펙터클이 중요하다면 배경이 가장 큰 파이를 차지하게 됩니다.

어떤 분들은 저의 기준에 이러한 반론을 던지고는 합니다. 인물과 사건 그리고 배경 다 잘하면 제일 좋은 것이 아니겠느냐고. 음, 저 역시 딱히 그런 의견에, 다 잘하면 되는 것이 아니냐는 의견에 반대하지는 않아요. 하지만 때와 상황에 따라 인물과 사건 그리고 배경 중 어느 한쪽에 무게를 더하는 것은 다른 두 영역을 포기하는 것이 아닌, 선택과 집중에 따른 전략이라고 주장하는 것이지요.

대신 이렇게 첨언을 하겠습니다. 저의 이러한 기준은 작품의 분량이 한정되었을 때만 필요한 방식이라고 말이지요. 연재처럼 작품이 무한정으로 길어질 수 있다면 이런 구분은 중요하지 않습니다. 왜냐하면 파이가 점점 커져만 가기 때문에, 인물과 사건 그리고 배경이 이 파이를 얼마 나눠 갖느냐의 비율을 딱히 신경 쓸 필요가 없는 것이지요.

또 하나의 예외에 대해서도 첨언을 드리지요. 어떤 작품은 다른 작품과 같은 분량을 갖고 있음에도 인물과 사건 그리고 배경이 촘촘히 짜여 있기도 합니다. 하나의 문장에 더 많은 정보량을 담고, 기능적으로 사건을 배치해 같은 분량에서 더 많은 이야기를 담아낸 작품들이 있기 마련이지요. 연재 작품이 파이를 무한정으로 키워서 소설의 세 요소를 마음껏 활용했다면, 이렇게 촘촘하게 설계된 작품은 파이의 밀도를 한계까지 끌어올려서 소설의 세 요소를 한껏 활용했다고 할 수 있겠습니다.

다만 저는 위의 두 방식이 명작의 기준이라고 생각하지는 않습니다. 파이가 무한정으로 늘어나면 다 먹기가 어렵겠지요. 파이가 뻑뻑하게 내용물이 꽉 차 있으면 먹을 때 목이 메여서 소화하기도 어려울 테고요. 물론 끝없이 파이를 먹고 싶을 때도 있고 묵직한 파이를 먹고 싶을 때도 있으니 그렇다고 해서 이 두 방식이 문제라는 것도 아닙니다. 그저 자신이 만들고 싶은 이야기에 어울리는 방식이 무엇인지에 대해 고민할 필요가 있다는 것. 그리고 선택과 집중은 단순한 포기가 아니라 전략의 일환이라는 것. 이 두 가지를 강조하고 싶을 뿐이지요.

〈인터스텔라〉는
〈아마겟돈〉 같은 작품

〈아마겟돈〉이라는 영화가 있습니다. 소문으로는 나사 과학자들이 이 영화를 그렇게 싫어한다고 합니다. 하도 과학적으로 말도 안 되는 이야기만 나와서 말이지요.

이 작품의 주인공은 석유 시추전문가이자 딸이 하나 있는 중년 아저씨입니다. (90년대와 00년대 할리우드 버전 호머 심슨이었던 브루스 윌리스가 이 배역을 맡았습니다.) 이 아저씨는 부하가 딸과 사귄다는 사실을 알고 부하를 쫓아내고 딸과 사이가 나빠집니다. 그러던 와중 나사에서 이 아저씨를 찾아옵니다. 지구에 소행성이 충돌할 예정인데, 시추전문가인 아저씨가 가서 소행성에 구멍을 파 핵폭탄을 집어넣고 터뜨려서 소행성을 파괴하는 것으로 지구를 구해주면 좋겠다고요. 나사 과학자들이 이 영화를 그렇게 싫어한다는 소문이 왜 나왔는지 알 법하지요.

황당한 설정과 허술한 전개에도 불구하고 이 영화는 엄청난 흥행을 했습니다. 저도 무척 재밌게 봤어요. 나아가 저는 학생들에게 작법 이론을 설명할 때 꼭 이 작품을 예시로 들고는 합니다. 황당한 설정과 허술한 전개에도 불구하고, 이 작품은 보편적인 감성을 사건 속에 아주 선명하고 매끄럽게 담아내는 데 성공했기 때문입니다.

이 작품에서 아저씨와 딸의 관계는 지구와 소행성의 관계와 실질적으로 동일하게 작동합니다. 아저씨와 딸의 사이가 나빠졌을 때 소행성과 지구가 충돌할 것이라는 사실이 밝혀집니다. 아저씨가 소행성 충돌을 막아달라는 나사의 의뢰를 수락하고 지구에 희망이 생겨났을 때, 아저씨는 부하를 복직시키고 딸과 화해를 합니다. 소행성에 착륙한 뒤 부하가 말을 듣지 않고 사고를 침으로써 아저씨는 임무에도 실패하고 딸도 구하지 못할 위기에 처합니다. 아저씨는 부하를 살려보내고 자신의 목숨을 희생하기로 결심하면서 지구를 구하고 딸에게 자랑스러운 아버지로 남게 됩니다.

이 책을 읽고 계신 독자분 중에 석유 시추전문가이신 분이 계실까요? 혹은 나사에서 근무하시는 분은요? 아니면 지구를 향해 날아오는 소행성에 착륙해 핵폭탄을 설치한 뒤 폭파시켜 소행성을 파괴해 인류의 미래를 구원한 분은 계실까요? 계신다면 감사하다는 인사를 꼭 드리고 싶고, 계시지 않다면 뭐 확률적으로 놀랍지 않은 일이겠지요.

제가 왜 이런 이야기를 길게 하느냐면, 이렇게 장르적인 성격이 강한 작품은 그 작품의 장르적인 사건에 대한 이입을 위해 보편적인 인간관계와 드라마를 그 사건과 동일하게 엮어야 한다는 것을 강조하기 위함입니다. 소행성 폭파? 해 본 적 있는 사람이 드물겠지요. 부모와 자식 간에 충돌한 경험이 있는 사람? 없는 사람이 드물겠지요. 그러니 소행성 폭파에 대한 감정 이입을 끌어내기 위해, 부모와 자식 사이에 있을 법한 갈등을 소행성 폭파를 위한 사건과 연결 지어, 한 측의 긴장이 다른 한 측의 긴장으로 이어지도록 설계하는 것입니다.

저는 이를 '내적 갈등'과 '외적 갈등' 혹은 '인간적인 드라마'와 '장르적인 사건'으로 분류합니다. 인간적인 드라마만 있으면 장삼이사의 흔한 이야기가 됩니다. 장르적인 사건만 있으면 그게 뭔데 내가 이 이야기를 봐야 하느냐 싶은 외면의 대상이 됩니다. 현실에 있지도 않은 가상의 다큐멘터리처럼 정보만 나열하다 끝이 나지 않으면 다행이겠지요.

우주비행사가 되어 인류의 미래를 지키고자 노력하는 여정은 아버지의 딸을 향한 사랑에서 출발하고, 아버지와 딸의 사랑이 완성될 때 인류의 미래도 지킬 수 있게 됩니다. 그리고 관객 중 우주비행사였던 적도, 고차원의 생명체와 만나본 적도, 인류의 미래를 지켜낸 적도 없는 사람들이 대다수임에도 이 이야기에 이입할 수 있는 것은 외적 갈등이 내적 갈등과 완벽히 호응하는 덕분이고요.

외적 갈등이, 장르적 사건이 다수의 사람이 경험하지 못했거나 할 수 없는 영역에 있다면 내적 갈등이, 인간적 드라마가 더 단순하고 선명해야만 합니다. 나아가 내적 갈등이, 인간적 드라마가 외적 갈등에, 장르적 사건에 강하게 결부되어야만 합니다. 그래야만 사람들이 경험하지 못했고 할 수 없는 이야기들에 이입해서 자기 이야기처럼 느끼게 됩니다.

반대로 클라이맥스에서 외적 갈등(장르적 사건)이 아니라 내적 갈등(인간적 드라마)이 중심이 되어도 문제입니다. 사람들이 서부극을 보러 가는 이유는 클라이맥스의 총격전을 보기 위해서고, 슈퍼 히어로 무비를 보러 가는 이유는 초능력을 가진 영웅이 멋지게 악당들을 물리치는 모습을 보기 위해서니까요. 3막에서는 외적 갈등과 내적 갈등이, 장르적 사건과 인간적 드라마가 하나로 합쳐지는 통합의 과정이 반드시 필요합니다.

제가 쓴 소설 중에 〈구자형 바이러스〉라는 작품을 추

가 예시로 들어보겠습니다. 이 소설은 사랑 고백을 할 자신이 없는 한 청년이 감기에 걸려 구자형 성우의 목소리를 갖게 되면서 시작합니다. 그러다 이 감기가 전 세계에 퍼지면서 세상 모든 사람이 구자형 성우의 목소리를 갖게 되고요.

이 작품의 내적 갈등과 외적 갈등을 나누면 이렇습니다. 이 작품의 내적 갈등은 당당히, 자기 목소리로 사랑을 고백하지 못하는 청년의 소심함입니다. 외적 갈등은 세상 모든 사람의 목소리가 구자형 성우가 되는 것이고요. 3막에 이르러서, 주인공은 그 누구의 목소리도 아닌 자신의 목소리로 사랑을 고백해야 한다는 내적 갈등과 외적 갈등의 통합을 겪습니다.

제가 〈구자형 바이러스〉를 집필한 계기는 어디까지나 이 작품의 외적 갈등 때문이었습니다. 제가 구자형 성우님을 워낙 좋아하는데, 운 좋게도 구자형 성우님께서 제 작품을 낭독해주신 바가 있거든요. 저는 너무나도 감사한 마음에 구자형 성우님께 헌정하는 작품을 쓰고 싶었고요. 그래서 구자형 성우님만이 낭독할 수 있는, 오로지 구자형 성우님만을 위한 소설을 쓴 것이었습니다.

하지만 이야기는 외적 갈등으로만은 구성되지 않으니, 내적 갈등도 설정해야만 했습니다. 그리고 그 내적 갈등은 3막까지 아이러니와 재미를 주기 위해, '구자형 성우님의 목소리를 얻어서 오히려 곤란해진 사람은 어떤 사람일까'를 고민하다 구성하게 된 것이었지요. 자신의 목소리로 사랑을 고백해야 하는데, 목소리를 잃어버린 사람으로요.

여담이지만 저는 개인적으로 〈아마겟돈〉을 크리스토퍼 놀란이 다시 만든 게 〈인터스텔라〉라고 주장하고 다닙니다. 두 작품은 구조적으로 거의 동일하거든요. 크리스토퍼 놀란 감독이나 〈인터스텔라〉를 싫어해서 이런 이야기를 하고 다니는 것은 아닙니다. 저는 나사의 과학자들과 달리 〈아마겟돈〉이 명작이라고 생각하니까요.

저글링 글쓰기

당연히 모든 작품이 완벽한 기획 속에서 출발하진 않습니다. 어떤 작품은 그저 작가의 막연한 영감과 이미지에만 기대어 출발하기도 하지요. 그리고 이런 작품들이 정교한 기획 위에 세워진 작품보다 큰 호응을 얻기도 합니다. 그래서 어떤 사람들은 이런 예시를 들며 정교한 기획의 불필요함을 역설하기도 하고요.

여기서는 이런 작품, 영감과 이미지로만 작동하는 작품의 작법을, 연재의 스킬을 간단히 설명해보도록 하겠습니다. 어떤 의미에서는 초실전적인 작법이고 이 작법이 체질에 맞는다면 기획은 작품 집필 이후로 미뤄놓아도 됩니다. 아예 마지막까지 기획 없이 가는 것도 가능하고요.

우선 작품의 주인공을 A라고 해보지요. 일단 이 A에게 해결이 불가능해 보이는 난관을 던져줍니다. 다음으로는 어떻게든 이 난관을 해결할 방법을 찾아냅니다. 쥐어짜다 보면 어떻게든 방법이 나오기 마련이지요. 무엇보다 이런 방법은 보는 이에게 강렬한 긴장감을 선사합니다. 그 전개를 한 치 앞도 짐작하지 못하기 때문입니다. 그 뒤가 어떻게 진행될지 작가조차 모르는데 그 누가 짐작하겠습니까?

물론 이 방법은 얼마 가지 않아 한계에 부딪힙니다. 아이디어가 매번 제때 떠오르지는 않으니까요. 그렇다면 이야기를 계속 연재하기 위해 어떤 방법을 써야 할까요? 그 답은 간단합니다. 주인공 A가 아닌 다른 인물, B로 시점을 돌려 이야기를 전개하는 것이죠.

이렇게 B에게 또 흥미진진한 난관을 던져주다 보면 또 아이디어가 고갈되는 순간이 올 것입니다. 그렇다면 또 어떻게 이 난국을 타개할 수 있을까요? 네. 이미 제 답은 짐작이 가시겠지요. 이제는 B가 아닌 C에게 또 시점을 옮겨 똑같은 일을 하면 됩니다.

재미난 것은 이렇게 인물과 사건을 이어 나가다 보면 어느 순간 앞에서 막혔던 난관을 해결할 수 있는 단서가 나오기 마련이라는 것입니다. 인물이나 사건 그리고 설정 등이 추가가 되면서 변수가 늘어나게 되니까요. 예전이라면 보이지 않던 해결법이 떠오르는 거죠.

물론 이 방법이라고 무한정 쓸 수 있는 것은 아닙니다. 어느 순간에는 한계가 와요. A, B, C, D, E, F, 하고 이어지다 중간에 탈락하거나 잊히는 캐릭터도 나오기 마련이고요. 아니, 미루고 미루다 아무것도 해결하지 못하고 이제까지 쌓아 올린 전개가 몽땅 와르르 무너질 때조차 있습니다.

이 방법은 이를테면 저글링 같은 겁니다. 공 세 개로 저글링을 하다 공이 네 개, 다섯 개로 늘어나면 더 흥미진진해지는 것처럼 인물과 서사가 늘어나며 이야기가 더 다채롭고 깊어지는 것이지요. 그러다 공 한두 개를 놓쳐 떨어뜨리더라도 관객들은 다시 공이 보충될 것이라 기대하고 계속 저글링을 지켜볼 것입니다.

이 저글링에서 가장 멋진 결말은 곡예사가 모든 공을 한 번에 받아내고 공연을 마치는 경우일 것입니다. 하지만 이는 저글링에서 가장 어려운 부분이기도 하지요. 던지고 있는 공이 세 개나 네 개쯤 된다면 어떻게 성공시킬 수 있을지 모르겠으나 열 개, 스무 개를 던지는 중이었다면 결국 끝내 모든 공을 다 잡지 못하고 바닥에 떨어뜨리고 말 가능성이 더 높을 테고요.

네. 이 저글링은 연재가 진행될 때는 이야기를 무척 흥미롭게 만들지만, 안정적으로 완결을 맺기는 무척 까다롭습니다. 마지막에 모든 빌드업이 와르르 무너지지 않고 적당히 마무리만 되어도 성공적인 편이지요. 그리고 그런 경우는 많지 않고요. 처음에는 즉흥적으로 이야기를 만들다가 중간부터 정교한 기획을 세우는 것으로 이제까지 쌓아 올린 빌드업을 매끄럽게 마무리 짓는 방법도 있겠지만 이 또한 쉬운 일은 아니고요.

애초에 이 저글링이 재미난 이유는 긴장을 한껏 고조시키면서 그에 따른 기대를 충족시키는 결말이 나올 거라 기대하게 되기 때문입니다. 이런 방식이 주는 재미는 즉 기대의 중복, 기대의 복리로 키우는 방식인 것입니다. 그리고 이렇게 복리로 커진 이자를 갚지 못하면…. 그러게요. 그에 따르는 후폭풍이 있겠죠.

한탕 해 먹고 튈 거라면 이 저글링은 제법 괜찮은 방법입니다. 마지막에 결말을 짓는 데 성공하건 실패하건 중간까지는 효과적으로 쓰였으니까요. 하지만 지속적으로 작가 활동을 할 것이라면, 여러분들이 고조시킨 긴장에 대한 기대를 충족시키지 못할 때마다 여러분들의 신용 점수가 깎이고, 심지어 신용등급까지 떨어질 수 있다는 점을 감안하셔야만 합니다.

이 저글링은 미래에 대한 기대에서 재미를 대출받아온 것입니다. 그러니 작품의 후반부에서 이 대출받은 재미를 갚지 못하면 신용등급이 떨어지기 마련이고요. 이후로 이런 저글링을 시도하려고 할 때마다 사람들은 기대를 키우기보다는 불신을 토로하기 시작할 것입니다.

뭐, 저 개인적으로는 이런 무대뽀스러운 작법을 싫어하지 않습니다. 마지막에 와르르 무너져도 실망하지 않아요. 애초에 이렇게 저글링을 중간까지 끌고 가는 것만으로도 사실 엄청 대단한 것이거든요. 어지간한 역량이 없는 작가라면 저글링을 시작조차 하지 못합니다. 연재가 아닌 형태의 계약을 맺었을 때, 질과 양 그리고 시간에 있어 안정적인 결과물을 제출해야 할 필요가 있을 때는 굳이 이 작법을 추천하지 않을 뿐, 분명 효과적인 작법인 것은 맞습니다.

제3부 재능 없이

모방은 나의 힘

완전 처음으로 글을 쓰는 사람이 있다면, 어떻게 해야 하는지 전혀 모르겠다고 하는 사람이 있다면 꼭 권해주고 싶은 방법이 있습니다. 그건 바로 베끼는 것입니다. 내가 좋아하고 또 닮고 싶은 작가의 작품을 골라, 그걸 어떤 식으로든 옮겨 써보는 것이지요.

당연한 이야기지만 표절을 권하는 것이 아닙니다. 표절은 하면 안 되죠. 그보다는 필사 작업에서 오마주까지, 다양한 형태로 내가 좋아하는 작가나 작품을 따라 해보라는 이야기입니다.

처음으로 글을 쓸 때는 문장을 어떻게 시작하고 어디에서 끝맺어야 하는지도 감이 오지 않습니다. 사실 다 정답이 없는 문제고 때와 상황에 맞춰서 자기만의 방법을 찾아야만 하는 일이기는 합니다. 하지만 초심자는 불안한 나머지 어떻게 해야 하나 고민만 하느라, 단 한 줄도 쓰지 못하고는 하지요.

그럴 때는 좋아하는 자가의 책을 꺼내보기를 권합니다. 그리고 왜 이 문장을 첫 문장으로 넣었는지, 문단의 길이는 어느 정도인지, 대화의 템포는 어떠한지 등을 분석하고 정리하면서 베껴보세요. 처음부터 끝까지 다 필사해도 좋지만, 꼭 그래야만 하는 것도 아닙니다. 내가 어떻게 쓰면 좋을지 감을 잡을 수 있을 정도만 분석하고 베껴보셔도 충분해요.

인물이나 사건을 짤 때도 마찬가지입니다. 감이 오지 않으면 일단 고전 명작을 하나 골라서 베끼세요. 최신작들은 표절 시비가 걸릴 수 있지만, 고전 명작을 베끼면 그것은 표절이 아니라 여러분의 재해석이 됩니다. 이 베끼는 과정에서 작품의 배경이 되는 지역이나 시간, 등장인물의 성별과 계급, 장르를 하나씩 비틀어보세요. 그러면 여러분만의 이야기를 안정적인 플롯 위에 얹을 수 있게 됩니다.

80년대 민주화 투쟁을 배경으로 하는 《로미오와 줄리엣》에서 성별이 반전된 채 진행되는 《15소년 표류기》 그리고 사이버펑크풍 《오페라의 유령》까지. 누구나 인정하는 고전 명작을 여러분들이 좋아하고 또 잘 아는 내용으로 재해석을 하면, 완성작을 만들기까지 드는 품을 혁신적으로 줄일 수 있습니다.

이렇게 고전 명작을 재해석한다고 해서 이야기가 고루해지거나 따분해지지 않습니다. 오히려 익숙한 내용을 살짝 비틀면서 훨씬 더 신선하고 참신하게 느껴집니다. 더욱이 여러분들이 고전 명작을 재해석한다고 해서 고전 명작을 그대로 베껴올 수도 없습니다. 이야기의 배경과 등장인물 그리고 사건에 조금씩 변화가 생기면서, 최종적으로는 작품 안에 여러분만의 오리지널리티를 담아내야만 하는 순간이 반드시 오기 마련입니다.

어디까지나 이 방법은 처음으로 글을 쓰는 사람에게 권하는 방식입니다. 저는 작가 지망생이 자기만의 아이디어, 자신만의 등장인물을 만들고 싶은 마음을 부정하는 것이 절대로 아닙니다. 고전 명작을 재해석하는 과정은 처음 자전거를 탈 때 보조 바퀴를 달고 타는 것과 마찬가지의 일입니다. 고전 명작의 검증된 플롯 구조에 의지해서 작품을 만들다 보면, 어느새 그 작법이 자기 안에 녹아들기 마련이고, 자전거에 익숙해져서 보조 바퀴를 떼게 되는 것처럼 고전 명작에 의존하지 않고서도 자기만의 이야기를 만들 수 있는 순간은 반드시 오기 마련입니다.

물론 초보만이 이 방법을 쓸 수 있는 것도 아닙니다. 저 역시 고전 명작의 재해석을 즐기는 편입니다. 제가 쓴 소설 중에 〈악의와 공포의 용은 익히 아는 자여라〉라는 작품이 있는데요. 이 소설은 김수정 작가님의 〈아기공룡 둘리〉를 러브크래프트풍으로 재해석한 내용이었습니다. 애초에 둘리는 1억 년 전 옛날, 외계에서 찾아온 초월적 문명의 존재에 의해서 지성과 초능력을 갖게 된 존재였잖아요. 그러다가 빙하에 갇혀 현대에 되살아났고, 인류(주로 고길동)를 공포로 몰아가며 그 정신을 파괴하고 농락했지요. 그러니 〈아기공룡 둘리〉는 명랑만화로 재해석된 〈광기의 산맥〉이었죠. 그러니 제가 쓴 〈악의와 공포의 용은 익히 아는 자여라〉는 이야기를 원점으로 되돌린 셈이었습니다.

제가 쓴 글 중에는 〈입방해면생명체〉라는 작품도 있습니다. 이 작품은 제목에서부터 짐작하셨듯이 〈네모바지 스폰지밥〉의 러브크래프트풍 재해석이었어요. 스폰지밥은 심해 깊숙한 곳에서 광기를 흩뿌리며 사는 불사의 존재였으니, 아동 애니메이션으로 순화된 《크툴루의 부름》이라고 할 수 있겠지요. 외견적으로는 징징이가 좀 더 크툴루를 닮기는 했지만요. 〈입방해면생명체〉는 쓰다 보니 〈네모바지 스폰지밥〉보다는 《모비 딕》의 영향을 더 많이 받게 되기는 했지만, 그래도 저는 〈네모바지 스폰지밥〉의 본질을 잘 꿰뚫어서 재정립했다고 자평하는 바입니다.

당신이 심연을 바라보는 순간, 심연은 어색하고 불편하다

학생들 작품에 피드백을 할 때 참 곤혹스러운 순간이 있습니다. 자꾸 니체를 인용해요. 그럴 때마다 저는 어떻게 피드백해야 할지 심각하게 고민합니다. 아무 때나 니체를 인용하는 것보다 자신의 글을 진부하게 만드는 방법이 없지요. 니체를 인용할 때 얻을 수 있는 효과는 이미 너무나 많은 작품이 니체를 인용했는데 또 한 명 니체를 인용한 작가가 나왔구나, 하는 지루함 정도밖에 없습니다. 그러니 가급적 니체를 인용할 때는 주의하도록 학생들에게 당부하고는 합니다.

일단 니체를 읽은 사람이 얼마나 될까요? 나아가, 니체를 제대로 읽고 또 이해한 사람은 얼마나 될까요? 니체를 인용한 사람과 니체를 인용한 글을 본 사람들의 숫자보다 적다는 사실만큼은 분명합니다.

저는 니체에 불만이 있거나 하지는 않습니다. 니체를 잘못 읽고 체해서 주화입마에 걸린 사람들을 너무 많이 보기는 했지만, 니체 본인이나 니체의 텍스트에 대해서 별로라고 생각한 적은 없습니다. 학창 시절에도 니체의 저서보다는 백승영 선생님의 니체 연구서가 더 재밌다고 생각하기는 했지만 그렇다고 니체가 싫은 것은 아닙니다.

인용에 대해서도 잘만 쓰면 무척이나 유용한 장치라고 생각합니다. 작가의 취향과 교양을 은근슬쩍 과시하면서, 그 인용구의 출처를 아는 사람에게는 일종의 동지 의식을 주고, 모르는 사람에게는 색다른 정보를 배웠다는 깨달음을 주거든요. 아니면 그저 폼만 잡고 끝낼 수도 있고요. 저는 언젠가부터 서울에 이미 사망한 마이클 잭슨이 무수히 복제되어 돌아다닌다는 〈마이클 잭슨 고마워요 사랑해요〉라는 글을 쓴 적이 있는데요. 이 작품에서는 마이클 잭슨의 노래 가사를 살짝살짝 변주해서 인용하고는 했습니다. 그렇게 인용한 이유는 간단했어요. 제가 마이클 잭슨의 노래를 좋아했기 때문이었습니다.

하지만 저는 만약 저의 학생이 니체의 텍스트를 정독하고 또 열심히 공부했으며 당대 철학사의 흐름 속에서 니체의 사상이 어떠한 위치를 점하고 있고 또 현대적으로는 어떻게 재해석되고 있는지를 이해하고 있다고 하더라도 니체를 인용하지 않도록 권유할 거예요. 왜냐하면 니체를 바보같이 읽고 바보같이 인용한 사람들이 너무 많거든요. 그러니 독자들은 저의 학생이 니체를 제대로 이해하고 인용했다고 기대하기보단 니체를 바보같이 읽고 바보같이 인용한 사람 중 하나라고 치부할 가능성이 높습니다.

즉 제가 권하는 것은, 니체를 좋아하고 니체의 영향을 받았다면 이미 수천 번 인용된 흔한 문구가 아니라 직접 니체를 읽었을 때 감명 깊게 다가왔던 그런 문장을 찾아 인용하시거나, 니체를 인용하지 않았더라도 니체의 사상을 이어받는 여러분만의 문장을 만들어보시라는 것입니다. 니체를 그저 인용하기만 한다면 이미 니체를 잘못 이해하고 또 재미없게 인용한 사람들과 한 무리에 섞일 위험이 크며, 저자의 니체에 대한 이해도와 무관하게 불신을 살 위험이 크니까요.

우선 첫걸음으로는 심연을 바라보지 않는 것부터 출발했으면 합니다. 도대체 얼마나 많은 사람이 자주 심연을 바라봤는지, 심연은 OTT에 찜해놓은 작품들이 너무 쌓여 하나하나 챙겨볼 엄두가 나지 않는 사람처럼 심연을 바라보는 사람을 바라보지 않게 된 지 너무 오래된 듯하네요.

목소리 큰 놈이 이긴다

이를테면, 로맨스 작품 중 이런 장면이 나오는 장면을 임의로 떠올려보죠. 주인공이 연인과 이별하고 상심 속에서 공항으로 가 비행기를 타고 이 나라를 떠나려고 합니다. 그런데 주인공이 가방 속에서 연인이 쓴 손편지를 발견하고 그 내용에 감동해 연인의 곁으로 돌아가려고 하는 거예요. 연인이 자신이 아닌 다른 사람과 결혼식을 올리기 전에 연인을 만나기 위해서요. 하지만 비행기에서 뛰어내릴 수도 없고 어떻게 하나 고민하는 순간 갑자기, 펑! 테러리스트들이 비행기를 점거하고 원래 왔던 공항으로 회항하길 요구하는 겁니다. 주인공은 이 기회를 놓치지 않고 회항한 즉시, 테러리스트들을 무찌르고 공항을 빠져나가 결혼식에서 연인이 다른 사람과 입을 맞추기 직전에 결혼식장에 도착하는 데 성공하는 거죠.

엉터리 같은 이야기입니다. 로맨스에 갑자기 비행기를 하이재킹한 테러리스트가 나올 이유는 뭡니까. 그리고 주인공이 어떻게 테러리스트들을 무찌르고, 경찰들은 왜 주인공을 일찍 공항에서 내보내주죠? 하지만 이러한 일련의 폭주는 작품에서 잘 받아주기만 하면, 우연이 아닌 필연으로 여겨지게 되기도 합니다. 약간의 운명론적 농담과 심술궂은 복선만 더해주면 말이지요. 주인공이 공항에서 비행기를 기다리기 전에 먹은 중국요리의 포춘쿠키에서 "예상치 못한 도움을 받을 수 있다"라는 글귀를 발견하는 정도의 장면만 넣어도 이 엉뚱한 전개는 용서를 받습니다.

아니, 사실 굳이 이런 복선을 일일이 넣어줄 필요도 없습니다. 좀 뻔뻔해도 괜찮아요. 장면이 흥미로워지기만 한다면 약간의 비약과 급전개는 용서가 됩니다. 무엇보다 로맨스에서 우연은 장르적으로 너무나도 중요한 장치이기도 합니다. 사랑하는 두 연인이 서로의 조건만 보고서 건전하게 의견을 나눈 뒤 합의 하에 결실을 보는 작품을 한번 상상해보지요. 이런 작품은 두 연인을 지배하는 감정이 사랑이기보다는 어떤 속물적이라고도 할 수 있는, 수지타산에 맞는 정당한 거래에서 생겨나는 기대감에 가까울 것입니다. 이런 작품은 이런 작품대로 재밌지만, 서로가 서로에게 진실한 순간은 논리적으로 따져보면 우연 속에서만 가능하기 때문에, 로맨스에서 우연은 매우 기능적인 이유에서 필요가 있습니다.

비슷하게 일반적인 신데렐라풍 이야기에서는 항상 요정 대모가 갑자기 나타나 주인공을 변신시켜주고 행운을 주며 사랑을 쟁취할 기회를 마련해주는 장면들도 있지요. 이 역시 우연을 가장한 필연입니다. 신데렐라는 착한 마음씨로 모두에게 다정하게 대하고는 했었지요. 클라이맥스에서 갑작스레 쏟아진 행운은 이제까지 그가 겪은 고난과 다른 이들에게 베푼 친절에 대한 보상입니다. 신데렐라가 올바르게 살아왔기 때문에 행운이 주어진 것이고, 이는 반대로 신데렐라에게 주어진 행운은 그가 올바르게 살아왔다는 사실에 대한 증명으로도 작동합니다.

물론 현실에서는 이렇게 복선에 의존해서 희박한 확률의 일이 일어나거나, 또 우연으로 인해 사랑을 증명하거나, 아니면 이제까지 베푼 친절에 대한 보상으로 행운의 기회를 잡거나 하는 일이 법칙적으로 이루어지지는 않습니다. 하지만 작품의, 작품이 속한 장르의 내적 논리에서는 이 일련의 사건들은 오히려 더 개연성을 갖춘 것으로 여겨지기도 합니다.

그런 점에서 장르의 내적 논리는 현실의 논리보다 앞선다고도 할 수 있겠습니다. 좀비물을 예시로 들어보지요. 조금만 생각해보더라도 좀비는 말이 안 되는 존재입니다. 좀비들은 먹지도 마시지도 않은 채 시체가 되어 며칠, 몇 달을 배회하며 살아있는 사람들을 잡아먹습니다. 이는 현실의 논리로 따져보면 참 이상한 이야기입니다. 어떻게 아무런 에너지원도 없이 움직일 수 있지요? 산 사람도 한 끼를 굶으면 움직이기 어려워하는데, 좀비들은 어떻게 몸을 움직일 열량을 만드나요? 하지만 이런 논리를 일일이 따져가며 좀비들을 보는 사람은 많지 않지요.

로맨스물에서 사랑이 맺어지기 위해 불가해한 우연이 반복되는 만큼이나, 좀비물에서 좀비가 움직이는 것도 말이 안 되는 이야기입니다. 하지만 애초에 이 장르는 그러한 내적 논리 위에 세워진 장르인 것입니다.

물론 현실의 논리를 장르가 항상 내적 논리보다 밑에 있는 것은 아닙니다. 이 위치를 전복시키는 것이 핵심인, 장르의 내적 논리를 변칙적으로 활용한 작품들도 있고요. 저 역시 그런 작품들을 좋아합니다.

저는 〈돼지 좀비 바이러스〉라는 작품을 쓴 적이 있었는데요. 좀비 바이러스는 실제로 존재하지만, 좀비 바이러스에 감염된 사람들은 문조차 열지 못하고 며칠만 굶어도 몸을 움직이지 못하는 산송장이 된다는 설정이었습니다. 그래서 정부에서는 가난한 사람들을 일부러 좀비가 되도록 감염시킨 뒤, 좀비의 위험성을 과도하게 부풀리고는 그들이 굶어 움직이지 못할 때 다 산 채로 생매장해버린다는 내용이 이어졌고요. 그리고 이 작품 역시 저 나름의 방식으로 좀비물이라는 장르의 내적 논리를 뒤튼 것이었지만, 동시에 작품의 주제 의식을 강조하기 위해 정부가 말도 안 되는 일을 하도록, 현실적이지 않은 형태로 묘사한 것이기도 했지요. 좀비에 대해서는 현실적인 논리를 우선했지만, 정부 조직에 있어서는 현실적인 논리보다 장르의 내적 논리를 우선한 것입니다.

작품에서 개연성은 중요합니다. 이건 쉬운 이야기죠. 반대하는 사람도 많지 않을 테고요. 하다못해 부조리극조차 부조리라고 하는 개연성 아래에서, 작품의 내적 논리 위에서 진행되고는 합니다. 하지만 사람들이 잘 모르는 영역이 하나 있습니다. 개연성을 만드는 것은 논리가 아니라 기세라는 사실을요. 그리고 사랑하는 사람을 위해 뭐든지 할 수 있다는 기세는, 사랑이 결국 승리한다는 개연성은 그 어떤 논리보다도 더 위에 군림합니다.

작품의 개연성은 논문에서 사실관계와 실험 결과를 입증하는 식의 절차에서 나오지 않습니다. 아니, 물론 이 과정을 조금 따와서 개연성을 마련하는 기반으로 삼는 것이 가능은 하겠지요. 하지만 우리는 때로 사실관계에 어긋나더라도, 실제 역사와는 다르더라도, 통계적으로 엄청나게 희박한 확률이더라도 하고픈 이야기를 작품 안에 녹여내야 할 때가 있습니다.

어떨 때는 이런 사실관계에 가장 엄격할 것이라고 여겨지는 미스터리물에서도 그저 기세와 우연에 힘입어 주인공이 문제를 해결하는 경우가 등장하기도 합니다. 아예 탐정이 과학적 사실에 위반되는 가설을 내세워서 문제를 해결하기도 합니다. 하지만 이는 작품의 재미를 오히려 더해줄 수 있는 도구입니다. 결국 기세가, 작품의 내적 논리가 현실에 있을 법한 일들에 우선해서 작동하기 때문입니다.

분량에 대한 이야기

지금까지도 문단문학의 단편 공모전은 원고 분량의 기준을 200자 원고지 70매로 잡고 있습니다. 반면 장르문학의 단편 공모전은 원고 분량의 기준을 100매에서 150매로 잡는 편입니다. 플러스마이너스 10퍼센트 정도는 관례상 묵인이 되니 문단문학은 최소 65매, 장르문학은 최소 90매가량의 원고를 요구하는 셈입니다.

지금이야 문단문학 공모전이나 장르문학 공모전 모두 그 수가 적지 않고 자신이 쓸 원고를 어느 공모전에 넣어야 할지 헤맬 일은 없게 되었습니다만, 예전처럼 장르문학 공모전이 거의 존재하지 않던 시절, 문단문학 공모전의 200자 원고지 70매라는 기준은 저 같은 장르문학 작가에게는 조금 까다로운 조건이었습니다. 왜냐하면 문단문학에서 요구하는 200자 원고지 70매는 결말을 맺지 않아도 되도록 설계된 분량이기 때문입니다.

의아하실 분들을 위해 설명을 조금 더 구체적으로 해보겠습니다. 한 장면을 만들기 위해 원고지 몇 매가 필요할까요? 쓰는 사람마다, 장면마다 편차가 있기야 하겠습니다만 저는 얼추 7매에서 10매 정도를 사용해야 적당한 결과물을 만들 수 있습니다. 그렇다는 이야기는 70매가 기준일 때는 사건을 7개에서 10개 정도를 넣을 수 있고, 100매가 기준일 때는 10개에서 15개 정도 넣을 수 있다는 계산이 됩니다. 이렇게 지면이 적다는 이야기는 곧 넣을 수 있는 사건의 숫자가 적다는 이야기고, 나아가 앞선 장면에서 제시한 갈등과 고민을 안정적으로 마무리할 분량이 없다는 이야기입니다.

문단문학은 그래도 괜찮습니다. 애초에 어떤 정답이나 결론을 내리기보다 문제를 환기하고 심상을 제시하는 것에 더 주력하는 장르니까요. (오히려 명확한 주장이나 결말을 맺는 것을 싫어하는 게 아닐까 싶을 때도 있습니다만, 여기에 대해서는 여기까지만 이야기하죠) 하지만 장르문학은 그럴 수 없습니다. 셜록 홈즈가 범인을 찾지 못한 상태에서 허드슨 부인에게 차를 부탁하며 에피소드를 끝내지는 않지요. 끝맺음이 필요합니다.

더욱이 설정이 복잡하거나 묘사가 상세하게 들어가는 장면을 만들 때는 7매의 두 배 분량인 15매는 필요하게 됩니다. 만약 21세기 대한민국과 거리가 먼, 아예 지구가 배경이 아닌 작품을 쓸 때는 21세기 대한민국의 독자들을 위해 그만의 독특한 배경에 대한 추가적인 설명을 진행해야만 하니까요. 그렇다면 원고지 70매는 장르문학에서는 조금 부족한 분량인 게 맞습니다.

물론 70매가 기준인 공모전에 100매를 제출한다고 그 원고를 탈락시키지는 않습니다. 다만 70매가 기준인 공모전이 요구하는 내용이 있고, 그 내용에 맞춰져서 형식이 정해졌다고 이야기하고 싶을 뿐입니다. 이건 70매가 기준인 공모전이 잘못된 것이라고 말하고 싶은 것도 아니고요.

내용이 형식을 결정하고 형식이 내용을 결정합니다. 그런 이야기를 하고 싶을 뿐입니다. 내가 원하는 내용에 어울리는 매체와 그곳의 형식이 어떠한지, 내가 원하는 매체와 그곳의 형식에 어울리는 내용은 어떠한지, 이를 고민해보는 것도 좋겠지요.

실제로 제가 문단문학의 공모전에만 투고하던 시절의 단편들을 보면 기승전결의 결이 빠진 작품인 경우가 많았습니다. 대표적으로는 〈유시걸식 행운보존법에 대하여〉라는 소설을 예시로 들 수 있을 것 같은데요. 이 소설은 어이가 없을 정도로 운이 좋은 남자 유시걸이 그 행운의 연쇄에서 벗어나고자 하는 부조리극이었습니다. 왜 자본이 자본을 부르는가 따지는 주인공을 통해 가치를 생산하는 실질적 주체들의 소외를 다루고 싶다 뭐 이런 주제 의식에서 출발한 작품이었어요.

그 작품에서 유시걸은 반복되는 행운에 질겁합니다. 복권은 사기만 해도 당첨이 되고 주식은 사기만 해도 오르고 도박을 하면 무조건 이깁니다. 도박으로 돈을 번 것이 부끄러워 도박중독을 치료하는 센터를 여니 그 센터가 너무 잘되어서 또 돈을 법니다. 유시걸은 이 도망칠 수 없는 행운 앞에 절망합니다. 어떠한 노력 없이도 그저 운이 좋다는 이유로 막대한 부가 자신에게 주어지고, 그로 인해 열심히 노력한 사람들에게 가야만 할 대가는 가지 않게 되는 구조에 분노합니다. 결국 마지막에 유시걸은 더 이상 따질 수가 없어 하늘에다 대고 저주를 내립니다. 신에게 분노하는 것이지요. 왜 이렇게 불공평한 세상을 만들어놓았느냐고. 그리고 그 마지막 순간, 하늘이 열리고 신이 내려와 유시걸에게 사과를 합니다. 그리고 당신의 삶에 곤란한 오류를 일으켰으니 그에 대한 보상으로 이제까지 얻은 것보다 더 큰 축복을 내리겠다고 하고…. 유시걸의 욕설과 비명 속에 소설은 끝이 납니다.

이런 패턴이 제가 70매 분량을 기준으로 쓸 때는 계속 반복되었습니다. 기에서 쾅! 충격적인 사건이 일어난다. 승에서 속닥속닥, 충격적인 사건을 마주한 인물들이 어떻게든 수습을 해나간다. 전에서 펑! 수습은 실패하고 더욱더 큰 충격적인 사건이 재차 터져 나온다. 그리고 무력하게 이를 바라보는 인물들의 넋이 나간 표정을 묘사하며 페이드아웃. 이렇게 하면 기승전 각각 25매씩 해서 75매 정도로 끝. 결론을 맺고 정리를 할 시간 따위는 없었지요.

이런 허무한 결말은 양면적인 효과를 주었습니다. 하나는 해석의 여지를 두고 유시걸이 이후의 인생을 어떻게 받아들였을 것인가 궁금하게 만든 것. 다른 하나는 무책임하게 작품을 유기했다는 인상을 남긴 것.

하지만 이후 100매가 넘게 되면서부터는 저의 글이 달라졌습니다. 기승전 이후에 결을 집어넣을 25매가 추가되었으니까요. 드디어 주인공이 무언가 본격적인 행동을 하고 변화를 완성할 수 있게 된 것입니다. 만약 〈유시걸식 행운보존법에 대하여〉가 100매였다면, 유시걸도 자신에게 과도하게 집중된 부를 정돈할 수 있었을 것입니다. 물론 지금의 그 맛은 완전히 사라지겠지만요.

원고 분량이 모자라요

아직 원고 작업이 익숙하지 않은 분들은 간신히 탈고를 했지만 목표했던 분량을 채우지 못하시는 경우가 종종 있습니다. 분량이 초과된 완성고는 어떻게 원고를 잘 편집하고 정돈하는 것으로 내용을 줄이는 게 가능한데, 분량이 미달된 완성고는 어떤 내용을 어떻게 집어넣어야 하나 그저 막막하기만 하지요. 여기서는 그런 경우를 위한 몇 가지 잔재주를 알려드리고자 합니다.

> **인용**
>
> 무언가 작품 속 내용에 어울릴 법한 이야기를 등장인물의 대화 속 인용으로 집어넣는 것입니다. 신입사원이 회사에서 상사와

문제가 생겼을 때 옆에 있던 동료가 조선시대 있었던 야사를 말해주면서 조언을 해준다거나, 아이 교육에 골머리를 썩이는 부모에게 교사가 학습법을 추천하며 그 근거로 뇌과학 이론을 든다거나 하는 식으로 말이지요.

이렇게 인용된 이야기는 작품 속 핵심 사건과 일정 이상 호응하면서 앞으로 어떻게 전개될지를 짐작하게 해줍니다. 이후의 전개는 꼭 인용대로 흘러갈 필요는 없습니다. 아예 반대되는 방향으로 뒤집혀도 됩니다. 그저 어떤 방향으로 전개될 것이라는 암시를 줄 뿐이고, 이 암시는 일정 부분 비틀려서 이루어지거나 아예 빗나가는 식으로도 긴장감을 불러일으킬 수 있기 때문입니다.

생활 상식

등장인물이 별거 아닌 생활 상식을 풀어내는 방식입니다. 라면을 끓일 때 뭘 넣으면 맛있다더라, 횡단보도가 점멸하는 순서는 이러이러하다더라, 피가 묻은 옷을 세탁할 때는 무슨 세제를 쓰면 좋다더라 하는 식이면 됩니다.

이 방법은 무척이나 효과적입니다. 일단 독자들이 무언가 배웠다는 기분이 들고, 이건 그 자체로 긍정적인 집중을 부릅니다. 마치 숏폼 영상에서 어떻게 하면 나무에 나사를 잘 돌려 넣을 수 있는가를 보여주는 것처럼 실제 활용할 일이 절대로 없는 상식이라고 하더라도 뭔가 유용한 정보를 얻었다는 기분이 드는 것이지요.

더욱이 이렇게 작품 속에 생활 상식이 나오는 순간, 그 장면이 무척이나 생생하게 살아납니다. 생활 상식이 생활감을 불어넣는 것입니다. 앞서 들었던 예시에 내용을 더해보지요. 미슐랭 3스타 셰프가 등장하는 작품에서 라면을 끓일 때 뭔가 특이한 재료를 집어넣는 장면을 넣고 이를 설명하는 장면을 넣으면 이 캐릭터에 대한 친근감도 들고 나중에 나도 저렇게 끓여봐야겠다는 기대가 생기지 않을까요? 비밀 추적 작전 중에 범인이 횡단보도의 신호가 점멸하는 순서를 활용해서 경찰을 따돌리면 범인의 두뇌 플레이에 감탄할 수도 있겠지요. 또 킬러가 피가 묻은 옷을 세탁하는 방법을 설명해주면 이 캐릭터가 정말 다양한 면에서 프로패셔널한 인물이리라 짐작하게 될 것이고요.

예술작품

아주 뜬금없지만 의외로 효과적인 방식입니다. 인물이 전시회에 가서 그림을 감상하거나 이어폰을 끼고 음악을 듣거나 독서를 하게 하는 것입니다. 좀 넓은 범주로는 식사까지 포함시킬 수 있습니다. (요리는 예술이죠!) 아주 긴 양을 더하기는 어렵지만, 오감을 활용하며 짧은 묘사를 빠르고 선명하게 더하고 분위기를 주도할 수 있는 방법입니다.

이 방법의 특징은 인용과 달리 작품 속 내용과 어울리지 않아도 된다는 것입니다. 무언가 아련한 이미지를 전달하는 것이 목표이기 때문에, 어떤 메시지가 상징적으로 담겨있구나, 하는 분위기만 내도 성공이기 때문입니다. 일단 있어 보이면 승리인 전략이지요. 물론 작품 속 내용과 어우러져 보다 더 깊은 내용을 암시할 수 있다면 더더욱 좋을 테고요.

B스토리

B스토리에 대해 투박하게 정의를 내리자면 메인 플롯과 연결된 보조 플롯입니다. 이 보조 플롯은 이야기의 후반부에서 메인 플롯과 결합되어 이야기를 더 입체적으로 만들어주는 식으로 활용되기도 하지요. 예술작품을 집어넣을 때는 약간의 분량만 더할 수 있지만, 이렇게 B스토리를 더할 때는 제법 긴 분량의 내용을 더하는 것이 가능합니다. 대신 그만큼 작업량도 늘고 다루기도 까다로운 편이지만요.

B스토리의 예시를 들자면 이렇습니다. 〈토이스토리2〉의 메인 플롯은 장난감 가게 사장 알에게 납치된 카우보이 장난감 우디가 집으로 돌아오는 것, 보조 플롯은 카우보이 장난감 제시가 어렸을 적 버림받았던 기억을 극복하는 것입니다. 이 작품 속 등장인물들은 장난감들이 갖는 근원적인 공

포를 갖고 있어요. 그건 바로 고장 나고 버려지고 잊히는 것이지요. 〈토이스토리2〉의 메인 플롯은 우디가 이 공포를 직시하고 받아들여 성장하는 과정이라고도 할 수 있어요. 그리고 보조 플롯이자 우디에게 일어날 수 있었던 하나의 가능성으로 제시가 등장해 이야기의 결을 풍성하게 만들어준 것이지요. 이렇게 B스토리의 활용은 간단히 분량도 더하면서 이야기를 입체적으로 바꿀 수 있습니다.

이번에도 제 작품을 예시로 들어보지요. 저는 예전에 〈남극낭만담〉이라는 소설을 쓴 적이 있습니다. 남극에 다큐멘터리 촬영을 하러 간 주인공이 그 기지에서 만난 다른 사람과 썸을 타면서 냉라면도 끓여주고 알콩달콩 지내다, 우연히 남극에 존재하는 고대 유적에 갇히게 되고, 광기에 찬 다른 과학자에 의해 그 안에서 발견한 생명체로 냉면을 끓여 먹게 된다는 좀 이상한 내용이었습니다.

이 작품을 쓸 때 분량이 모자라서 온갖 종류의 이야기를 다 집어넣게 되는 바람에 내용적으로는 완전히 폭주하는 글이 나오게 된 셈이었는데요. 그때 제가 이 분량을 맞추기 위해 앞서 말씀드린 방법을 다 사용했습니다.

우선 남극기지에서 일어나는 해프닝들에 대한 인용이 있었어요. 어떤 사람은 이랬대, 몇 년 전에 이런 사고가 있었대, 담배를 피우는 사람들한테 남극에서 피우는 담배가 그렇게 맛있대 등등 남극기지에서 근무하셨던 분을 인터뷰해서 들은 단편적인 이야기들을 다 쏟아부었지요.

생활 상식도 집어넣었어요. 예전에 인터넷에서 본 냉라면 레시피를 저 나름의 방식으로 각색해서, 주인공이 좋아하는 사람에게 만들어주는 장면을 집어넣었지요. 이 소설이 재미가 없던 사람이더라도 제 냉라면 레시피는 그럭저럭 도움이 되었을 겁니다.

예술작품은 고대 유적을 다루면서 자연스레 묘사했고 나아가 냉라면과 고대 생명체 수육 냉면을 먹는 장면도 집어넣었습니다. 유적의 건축양식과 벽화 따위를 묘사하는 장면이나 냉라면의 맛 그리고 고대 생명체 수육으로 인한 중독 상태를 길게 담아낸 것이었지요.

마지막으로 B스토리로는 남극에서 운석 발굴과 빙저호 연구의 방법론에 관한 이야기를 담았습니다. 이 모두 외부에서의 침입에 관한 이야기거든요. 그리고 외부에서의 침입은 두 가지 방향으로 정리되지요. 타인을 내 안에 받아들이거나, 타인 안에 내가 들어가거나. 이는 사랑이기도 하고 식사이기도 하고 침략이기도 합니다. 〈남극낭만담〉은 그 모든 이야기를 담아보고 싶었던 글이었어요. 억지로 분량을 늘린 것치고는 무척이나 만족스러운 결과물이었습니다.

서로 다른 두 사람

 제가 오래도록 교류한 동료 작가 중 S라는 작가가 있습니다. S는 여러 면에서 저와 정반대입니다. 저는 키가 작고 왜소한 체격이지만 S는 키가 크고 큰 체구를 하고 있습니다. 저는 목소리가 조용하고 제스처도 작은 편이지만 S는 목청도 좋고 퍼포먼스가 화려한 편입니다. 덕분인지, 저는 S와 즐겨 있고는 했습니다. 왜냐하면 저희는 서로가 각자의 캐릭터를 돋보여주기에 딱 좋았거든요. 저와 S가 나란히 앉아 있으면 저는 평소보다 더 작아 보이고 S는 평소보다 더 커 보였지요. 덕분에 두 사람은 더 눈에 띄기 좋았고요.

 이는 캐릭터 작법 면에서도 마찬가지입니다. 완전히 다른 두 인물을 매칭하는 것은 각 캐릭터를 돋보일 때 무척이나 편리한 전략이에요. 냉정한 캐릭터 옆에 열정적 캐릭터를, 성실한 캐릭터 옆에 게으른 캐릭터를, 노력파 캐릭터 옆에 천재형 캐릭터를 놓는 것입니다. 성격만이 아니라 역할이 반대되어도 좋지요. 경찰과 도둑, 선생과 학생 그리고 노인과 아이처럼요. 이렇게 배치를 하면 두 인물은 서로가 비교되며 각자의 개성을 더 강조해서 보여줄 수 있습니다.

이러한 배치는 이야기의 분위기와 톤을 조절할 때 유용합니다. 냉정한 캐릭터와 열정적 캐릭터의 듀오를 예시로 들어볼까요? 작품에 어떤 뜨거운 분위기를 더하고 싶다면 열정적 캐릭터의 역할을 키워주면 됩니다. 반대로 잠시 정보를 차분하게 정돈해야 할 때는 냉정한 캐릭터의 역할을 키워주고요.

정보를 전달하기도 좋지요. 경찰이 사회의 법을 설명하면 도둑이 뒷골목의 불문율을 알려주고, 선생이 수업을 하면 학생이 질문을 하며, 노인이 오래된 지혜를 전달하면 아이는 최신 유행을 보여주는 식으로 말이에요. 많은 미스터리물이 탐정과 조수를 한자리에 놓는 것도 비슷한 맥락입니다. 조수가 탐정에게 의문을 표하면 탐정이 의뭉스레 진실의 단초를 전달하는 장면이 나오는 것은, 탐정이 조수에게 정보를 전달하는 척을 하면서 작가가 독자들에게 인과관계를 설명해주는 장면이지요. (비슷한 이유에서 소년만화나 청소년

소설의 주인공은 바보거나 이방인입니다. 이렇게 하면 주인공들이 다른 인물들에게 작품 속 설정에 대해 질문해도 어색해 보이지 않고 자연스럽거든요.)

사실 이는 결과론적인 배치이기도 합니다. 어떤 유형의 인물을 만들 건, 두 인물을 한 곳에 붙여놓으면 두 사람의 다른 점이 부각되기 마련이거든요. 아예 동일한 유형의 인물을 두 명 갖다놓아도 이야기를 진행하기 위해 그중 한 명이 자신의 성향을 바꾸기도 합니다. 무리에서 암컷이 죽으면 무리에서 가장 큰 수컷이 암컷으로 변하는 흰동가리 물고기처럼 내향인들을 한자리에 모아놓으면 그중 한 명이 외향인 역할을 한다는 것처럼요.

두 명의 열정적인 캐릭터를 버디로 묶어놓는 경우를 생각해보지요. 그러면 이 두 인물이 열정을 불태우는 방식의 차이를 보여주게 될 것입니다. 아예 둘 중 하나가 다른 한 명이 폭주하는 일을 막기 위해 냉정한 역할을 맡게 되기도 하고요. 이는 아주 기능적이고 또 자연스러운 과정입니다. 캐릭터성은 그 인물 한 명에게 온전히 주어지는 것이 아닌, 다른 캐릭터들과의 관계망 속에서 완성이 되는 것이라고도 할 수 있겠네요.

뭘 모르는지도 모르는 사람

처음으로 글을 쓰는 작가 지망생들이 흔히 저지르는 실수가 하나 있습니다. 그것은 바로 작가가 아는 것을 독자들도 당연히 알고 있으리라 생각하고 글을 쓰는 일입니다.

사실 이러한 실수는 저를 포함해서, 프로가 된 작가들도 자주 저지르고는 합니다. 작가가 아는 정보를 어디까지 독자에게 전달하는가는 보기보다 까다로운 작업이기 때문입니다. 애초에 사람마다 사전지식이나 장르 문법에 대한 이해도가 다 다르니, 명확한 정답이나 기준을 마련하는 것도 불가능하고 말입니다.

하지만 처음으로 글을 쓰는 작가 지망생들 같은 경우에는 뭐랄까요, 자기가 아는 것은 당연히 독자들도 다 알고 있으리라 생각하고 글을 써버리는 경우가 왕왕 있습니다. 어떤 작가 지망생들은, 또 몇몇 프로 작가들은 자기만 알고 있는 게 당연한 작품 속 설정마저도 독자들이 이미 알고 있으리라 짐작하고 글을 쓰기까지 합니다. 자기 머리에는 이야기가 넘쳐흐르고 있는데, 인물들이 살아 숨 쉬고 있는데 왜 그걸 당연히 알지 못하는 것인가! 하고 답답해할 때조차 있는 거지요.

더욱이 작품 속 세계관에 대한 세밀한 설정이나 독자적인 고유명사를 잔뜩 집어넣은 경우에는 이 문제가 좀 더 복잡해집니다. 어떤 설정을 어느 순서로 풀어내야 독자들이 막힘이 없는지를 계산하지 않으면, 그저 이상한 혼잣말로만 보일 위험이 크기 때문입니다.

애초에 작품 속 세계관에 대한 상세한 설정이나 독자적인 고유명사는 독자 입장에서는 그 자체로 장애물이 됩니다. 여러분은 수업 들을 때 역사 교과서나 영어 단어집을 즐겨 읽으셨나요? 그런 분들은 아마 많지 않을 것 같습니다. 그리고 작가가 만들어낸, 작품 속 세계관에 대한 꼼꼼한 설정이나 독자적인 고유명사는 작가 입장에서는 너무나 재밌는 이야기보따리지만, 독자 입장에서는 난데없는 역사 교과서이자 단어집으로 느껴질 수도 있습니다. 그것도 시험에 도움조차 되지 않는 교과서와 단어집으로요.

물론 작가에 대한 기대나 작품의 재미가 있다면 사람들은 기꺼이 그 교과서를 공부하고 단어집을 외워줄 것입니다. 다만 그럴 경우에도, 가급적 친절히 교과서를 집필하고 활용도 높은 인용문으로 단어집을 채워줄 필요가 있겠지요. 그렇지 않을 경우, 사람들은 몇 줄 읽다가 피로를 느끼고 책을 떠나버리고 말 것입니다.

특히 무협이나 판타지처럼 장르적 성격이 강한, 또 만화나 애니메이션처럼 시각 기반으로 하는 매체에 익숙한 작가 지망생들이 이런 실수를 저지르기 좀 더 쉬워 보입니다. 어디까지나 제 경험에 따른 추측입니다만, 무협 작가들은 작품을 읽는 독자들이 기본적인 무협 지식을 갖추고 있으리라 기대하는 경우가 대다수이기 때문이 아닐지, 만화나 애니메이션은 별다른 연출 없이도 시각적으로 전달되는 정보량이 많기에 그런 부분에 대한 특별한 안배를 생각하지 못했던 것이 아닐지 짐작하고 있습니다.

물론 작가가 독자들에게 항상 친절할 필요는 없습니다. 모든 것을 다 알려줘야만 한다는 법이 있는 것도 아니고요. 독자들 입장에서도 작가가 무슨 이야기를 하는 것인지 모르고 따라가다 나중에 짐작하거나 깨닫게 되는 재미를 얻을 수 있기도 하지요. 서술 트릭으로 아예 독자를 속이는 것이 핵심인 작품이 그 예시겠지요. 저는 아예 〈눈물이 많은 거인들의 나라〉라는 단편에서 특정 종족의 대화를 모두 암호문으로 처리한 적도 있습니다. 알아볼 테면 알아봐라! 하는 마음으로요. 어떤 독자분들은 그 암호문을 푸는 재미로 책을 읽기도 하셨습니다.

그래서 저는 지도하는 학생들이 정보를 어디부터 어디까지, 또 어떻게 전달해야 하는가를 헤매지 않도록, 기획 단계에서 미리 전달해야 하는 정보와 그 순서에 대해 정리를 해놓으시길 권하고는 합니다. 독자에게 전달해야만 하는 정보들을 쭉 리스트업 한 뒤, 사건마다 어떤 정보를 어떤 순서로 또 어떤 식으로 전달할 것인지를 매치업 시키는 거죠. 그래서 전달해야만 하는 정보의 리스트를 다 처리하고 나면, 그때 작업을 시작하도록 권합니다.

글쓰기에 익숙하신 분이라도 이런 정리는 제법 도움이 됩니다. 우선 이야기가 길어질수록 기억에 의존하는 데는 한계가 있기 때문입니다. 작가는 이미 독자에게 설명을 다 했다고 믿고 중요한 정보를 전달하지 않고 뛰어넘어갈 수도 있어요. 추리물에서 주인공이 범인의 정체를 알아낸 증거를 이미 보여줬다고 생각하고 나중에 갑작스레 등장시키는 식으로, 독자들의 이해를 가로막고 몰입을 깨버릴 수도 있는 거죠.

물론 작가 본인이 엄청 머리가 좋다면 그냥 일필휘지로

이야기의 모순 없이 내용을 처음부터 끝까지 다 써 내려가는 것도 가능하기는 합니다. 실제로 그런 작가님들이 없는 것도 아니고요. 하지만 모든 작가가 그래야만 할 필요도 없고, 기획해서 쓰는 작가가 기획하지 않고 쓰는 작가보다 더 우월한 작가라고 하기도 어렵습니다. 그저 자기한테 맞는 스타일이 있을 뿐인 것이지요.

앞뒤가 똑같은 사람

이야기의 결말이 떠오르지 않는다고요? 그럴 때는 아주 간단한 해결 방법이 하나 있습니다. 그건 바로 일종의 수미상관으로, 이야기의 도입과 대칭이 되도록 만드는 것입니다. 이렇게 하면 뭐가 됐건 여운이 남는 장면이 만들어지거든요.

결국 모든 이야기는 하나의 여정입니다. 그 여정은 출발한 곳으로 되돌아오는 귀환이건 완전히 다른 세계에서의 정착이건 결말이 나기 마련이고요. 그 순간, 대칭 형태의 결말은 주인공이 첫 장면과 비교해 어떤 변화를 겪었는지 가장 명확하게 제시해줍니다.

또한 수미상관의 결말은 주인공이 처음부터 지금까지 어떤 여정을 겪었는지 반추하게 만드는 힘이 있습니다. 처음과 끝이 동떨어진 닫힌 직선 구조가 아닌, 처음과 끝이 연결되어 다시 앞선 사건이 조금 달라진 형태로 반복될 것만 같이 열려 있는 원형 구조라고나 할까요?

그리고 '대칭이 되도록 만들라'에서 대칭은 자유롭게 떠올려보세요. 대칭은 완전히 똑같은 반복을 가리키는 표현이기도 하지만 앞뒤가 반대되는 거울상을 가리킬 때도 쓰이는 표현이니까요.

예를 들어 어떤 작품의 도입이 주인공이 홀로 노을을 바라보는 장면에서 출발한다고 해보지요. 여기에서 대칭이 되는 이미지는 하나만 있지 않고 다양합니다.

1. 주인공이 다시 홀로 노을을 바라보는 장면
2. 주인공이 다른 이들과 노을을 바라보는 장면
3. 주인공이 홀로 달을 바라보는 장면
4. 주인공이 홀로 한낮의 태양을 바라보는 장면
5. 아무도 없는 들판에 노을만 비추는 장면
6. 다른 누군가가 홀로 노을을 바라보는 장면
7. 다른 누군가가 홀로 노을을 바라보는 주인공을 훔쳐보는 장면 등…

이 모두 대칭이 되는 이미지지만 다 다른 느낌과 메시지를 담고 있지 않나요?

사실 이건 비단 결말을 지을 때만 쓰는 방법도 아닙니

다. 장면이 막혔을 때마다 이 방법을 고민해보셔도 좋아요. 물론 매번 첫 장면으로 돌아가라는 소리는 아니고, 앞선 내용을 복기하면서 지금 이 막힌 장면에 다시 반복되면 좋을 장면을 찾아 살짝 변주를 주라는 것입니다.

이렇게 하면 수미상관의 결말을 지었을 때와 마찬가지로 간단히 이야기에 개연성이 더해집니다. 비슷한 사건이 조금 다른 상황에, 달라진 인물들에게 벌어짐으로써 독자들이 이번에도 전과 같은 결과가 일어날지, 혹은 뭔가 차이가 생겨났는지 기대하도록 만들어줄 수 있습니다.

더욱이 이 방법이 성공적으로 작동할 경우, 작가는 그저 어떻게 전개해야 할지 헤매다 아무 앞 장면을 끌고 온 것임에도 불구하고, 독자들은 이 모든 것이 작가가 예전부터 준비한 큰 그림이며 이야기가 계획대로 진행 중이라는 묘한 확신까지 가집니다.

무엇보다 이 방법은 작가의 작품에 대한 이해도를 높여줍니다. 좀 이상한 소리로 들릴 수도 있겠지만, 작가라고 해서 자기 작품의 모든 것을 파악하고 활용하는 것은 아닙니다. 앞내용을 까먹을 때도 있고 자신이 생각한 방향성에 오류가 있음을 뒤늦게 깨달을 때도 있습니다. 그런 때 자기 작품을 정독하고 뒷내용과 이어질 앞내용을 정독하면, 보다 유기적이고 통일감이 있는 이야기를 만들 수 있는 것입니다.

고양이에게
먹이를 주지 마시라고요?

《세이브 더 캣》이라고 하는 할리우드 시나리오 작법서가 있지요. 저도 무척이나 재밌게 읽은, 유용한 내용으로 가득한 책입니다. 이 책의 제목이 'Save the Cat!', 즉 고양이 구하기인 이유는 이것이 일종의 작법론이기 때문이에요.

'세이브 더 캣'은 작중 등장인물이 고양이처럼 작고 약한 존재를 지켜주는 장면을 가리킵니다. 이렇게 세이브 더 캣을 하는 장면이, 주인공이 누군가를 지켜주는 장면이 나오면 관객들은 이 인물이 정의로운 마음을 갖고 있다는 사실을 무의식적으로 느끼면서 주인공이 앞으로 어떤 행보를 거치건 믿고 지켜봐준다는 작법 이론입니다.

이 세이브 더 캣은 다양한 방식으로 활용이 가능합니

다. 정석적으로는 〈체인소맨〉의 주인공 덴지나 파워처럼 막 나가는 막장 인물들이 고양이를 구하기 위해 헌신하는 모습을 보여주어 이 인물들이 공감 가능한 주인공임을 보여줄 수 있었지요. 다만 그저 세이브 더 캣을 쓰기만 하면 심심하니, '인간은 구하지 않지만 고양이는 구해줄 거야'라는 방식으로 약간의 변주를 주기도 했습니다. 이 사람을 지지해야 할지, 규탄해야 할지 조금 헷갈리게도 만든 거죠.

이 작법은 반대로도 쓸 수 있습니다. '킥 더 독Kick the Dog'이라는 방식인데요. 말 그대로 등장인물이 강아지를 괴롭히는 장면을 넣어 이 인물이 악당임을 강조하는 것입니다. 〈존 윅〉의 악당들이 존 윅의 강아지를 죽였던 것처럼 말이지요. 이렇게 어떤 인물이 자기보다 약한 존재에게 가혹하게 구는 모습을 보여주면, 아주 간단히 그 사람에 대한 경계심을 잔뜩 키운 채 이야기를 출발하게 됩니다.

물론 이 또한 절대적인 공식이 아닙니다. 얼마든지 변주할 수 있어요. 〈원피스〉의 보아 행콕처럼 첫 등장 시에는 고양이를 발로 뻥 차는 모습을 보여 비정하고 사악한 인물임을 암시하다가 그 인물의 백그라운드가 밝혀지면서 반전의 매력을 주는 식으로 말이지요.

저 역시도 이 세이브 더 캣은 자주 사용하는 작법입니다. 제 경우에는 〈냉장고와 넷플릭스〉라는 소설을 쓴 바 있는데요. 이 작품에서는 주인공 인동이 자기가 살게 된 집의 냉장고에 지박령처럼 달라붙은 귀신, 귀자 씨의 요청에 따라 생전의 귀자가 마쳐놓은 인테리어를 크게 고치지 않겠다고 선언하는 장면에서 출발합니다. 대단한 내용은 아니지만, 귀자는 자신의 취향에 대한 자신감과 자존심이 병존하는 인물이며 인동은 이를 존중하며 귀신의 말조차 귀 기울여 듣는 인물이라는 정보를 무의식적으로 각인시키고 출발하기 위한 장면이었지요.

이렇게 세이브 더 캣은 아주 논리적이고 또 효과적인 작법 이론입니다만, 얼마 전에 온라인 게시판을 떠돌다 이와 관련해 무척이나 흥미로운 경험을 했습니다. 그건 바로 등장인물이 비에 젖은 고양이에게 먹이를 주는 장면을 보고, 세이브 더 캣을 위해 설계된 장면을 보고 어떤 사람들이 "캣맘이다!"라고 비난하는 댓글이 달린 것이었어요. 세상에나.

저는 이 댓글이 무척이나 징후적이라고 생각합니다만, 고양이 두 마리를 임보하다 아예 가족으로 삼게 된 저의 정치적 입장이나 관심은 일단 뒤로 하지요. 그건 이 책의 목표가 아니니까요.

제가 동의하건 동의하지 않건 세상은 변화합니다. 예전에는 선행으로 인식되었던 일이 이후에는 악행으로 비판받기도 합니다. 이는 반대의 경우로도 작동하고요. 결국 우리는 좋건 싫건, 우리가 원하는 반응을 이끌기 위해 요즘 시대의 가치관은 어떠한지, 어떤 진영에서는 무슨 기준으로 세이브 더 캣이 작동하는지를 고민할 필요가 있습니다.

또 장치의 우선순위가 달라지기도 합니다. 요즘에는, 특히 웹소설 시장에서는 세이브 더 캣보다 체스 마스터처럼 판을 좌지우지하는 자나토스 갬빗 Xanatos Gambit, 즉 모든 결과가 자신에게 유리하도록 계획을 짜는 주인공을 좀 더 선호하고는 하지요. 이 또한 세상사의 변화 덕분이지 싶습니다. 취향의 폭이 넓어지고 전략이 세분화되는 과정이기도 할 테고요.

요는, 어떤 작법도 시장에 대한 분석 없이는 온전히 작성하지 않는다는 아주 빤한 결론이 되겠습니다.

호러와 코미디는 같다

요즘에는 호러와 코미디가 구조적으로 동일한 장르라는 것 정도야 상식으로 여겨지고 있지요. 예전이라면 무슨 소리냐고 의아해할 사람들도 있었겠지만 말이에요.

하지만 이는 아주 간단한 예시로도 증명이 가능합니다. 〈샤이닝〉에서 잭이 도끼를 들고 화장실의 문을 부수는 장면은 〈톰과 제리〉에서 톰이 쥐구멍 안에 숨은 제리를 쫓아 도끼를 휘두르는 장면과 완전히 동일하지 않나요? 그다음에 웬디가 잭의 손을 칼로 베었던 것처럼 제리가 쥐구멍 안에 들어온 톰의 손을 망치로 내려찍는 것까지도요.

다만 여기서 〈샤이닝〉과 〈톰과 제리〉 사이에는, 호러와 코미디 사이에는 딱 한 가지 차이가 있습니다. 그것은 바로 폭력에 의한 피해의 회복가능성 여부입니다. 호러에서나 코미디에서나 등장인물이 다이너마이트를 집어삼키고 엉덩이가 걷어차이고 속이 타들어 가는 액체를 마셨다가 불을 뿜는 장면이 나오지만, 그로 인한 피해와 고통이 호러에서는 현실적으로 묘사되며 회복이 불가능한 반면, 코미디에서는 과장되게 묘사되며 다음 화, 다음 컷만 되면 다시 모두가 말짱한 모습으로 돌아옵니다.

애초에 호러와 코미디는 모두 선을 넘어서는 것으로 작동하는 감정입니다. 긴장을 최대한 끌어올린 뒤 예상을 깨는 결과로 이어지며 충격이 터져 나올 때 공포와 웃음이 함께 폭발하는 것이지요. 그런 점에서 호러와 코미디 모두 일어나면 안 될 일이, 일어나지 않을 일이 일어나야 하는 장르라고 할 수 있겠습니다.

이 때문에 호러와 코미디는 기능적인 이유에서 등장인물이 일탈하는 순간을 필요로 합니다. 어떤 사람들은 이 일탈의 순간을 필요로 하는 점을 이유로 들면서 호러와 코미디는 어떠한 제약도 따라서는 안 된다고 주장하기도 합니다만, 글쎄요. 저는 그 주장에는 동의하지 않습니다.

호러와 코미디 장르에 속한다는 이유만으로 아무렇게나 선을 넘나들더라도 어떠한 비난에서건 자유로울 수 있는 면죄부를 가질 수는 없기도 하거니와, 무엇보다 애초에 호러와 코미디는 그렇게 작동하지 않기 때문입니다. 아니, 오히려 그 반대로 작동합니다. 호러와 코미디에서 선을 넘어설 때 어떤 선을 넘을 것인지는 매우 중요한 선택입니다. 어떤 선을 왜 넘으며 어느 방향으로 넘어갈 것인지야말로, 윤리에 대한 화두와 성찰이야말로 호러와 코미디의 핵심이기 때문입니다.

이런 이야기를 하면 꼭 욕을 먹고는 합니다. 또 정치적 올바름이나 챙기네, 착한 척을 하네, 위선자네, 선비짓을 하네, 알지도 못하면서 까부네 등 별별 이야기를 다 들어봤습니다. 물론 저는 이 비난에 동의하지 않습니다. 알지도 못하는 사람은 제가 아니에요.

우선 호러를 볼까요? 더욱 깊은 공포를 자아내기 위해서는 아무것이나 부서져서는 안 됩니다. 소중한 것이 파괴될 때 우리는 안타까움을 느끼지요. 호러를 만들 때는 그 순간을 겨냥해야만 합니다.

별다른 내용이 적히지 않은 A4 용지를 백 장, 천 장 찢어봤자 우리는 별생각을 하지 않을 것입니다. 하지만 할머니가 돌아가시기 전에 마지막으로 남긴 손편지가 서류파쇄기에 낀 상황에 시작 버튼을 실수로 눌렀다면 어떨까요? 무섭지 않을까요? 호러는 이렇게 부서지면 안 되는 것이, 내가 이입한 대상이 위협을 받을 때 생겨나는 감정입니다.

내가 이입한 대상이, 나에게 있어 소중한 존재가 부당한 이유에서 회복 불가능한 위협을 당할 때 우리는 더 이입하고 다채로운 감정을 느낍니다. 분노도 나고 공포도 차오릅니다. 이를 위해 우리는 호러에서 다루는 갈등에 있어 당위적인 면, 윤리적인 면을 함께 고민해야만 하는 것입니다.

물론 모든 호러 장르의 피해자들이 이입의 대상이자 소중한 인물로 설정되지는 않습니다. 오히려 징벌을 당해 마땅하다고 여겨지는 인물이 주인공으로 활약하는 경우도 많으니까요. 하지만 그 경우에도 당위적인 면, 윤리적인 면에 대한 고민은 여전히 필요합니다. 이렇게 징벌을 받기 마땅하다고 여겨지는 인물이 그렇게 여겨지는 이유는 그들이 무언가 잘못을 저질렀기 때문, 금기를 어겼기 때문입니다.

이렇게 징벌을 받기 마땅하다고 여겨지는 인물이 주인공으로 등장하는 호러는 주인공이 괴물에게 위협을 당하는 순간 이상으로, 그가 금기를 범하려고 할 때, 타락의 유혹을 받을 때 공포가 극대화되고는 합니다. 여기에서 지켜야만 하는 소중한 것은 인물이 아니라 금기인 셈이지요. 그리고 이 금기를 어기면서 피어나는 죄책감은 아주 감칠맛 나는 호러를 만들어줍니다. 그리고 이렇게 죄책감을 키우기 위해서도 역시 그들이 저지르는 금기에 대한 당위적인 면을, 윤리적인 면을 고민하지 않을 수 없고 말이지요.

호러는 단순히 폭력의 강도를 높이기만 해서는 안 됩니다. 다섯 명 죽인 살인마가 오십 명을 죽인다고 열 배 더 무서워지지는 않지요. 오히려 좀 우스워집니다. 사람들 사이에서 우스갯소리로 나오는 이야기도 있지요? 〈할로윈〉과 〈나이트메어〉 그리고 〈13일의 금요일〉 시리즈에서 죽은 피해자들의 숫자를 다 합쳐도 〈존 윅〉에서 죽은 사람들보다 적다고요. 어쩌면 〈못말리는 람보〉의 한 신보다도 적지 않을까요?

폭력은 긴장을 부릅니다. 그리고 긴장은 의외로 오래 유지되지 않는 상태입니다. 너무 비장하고 그저 잔인하기만 하면 그 긴장은 풀리고 웃음거리가 되어버립니다. 그 때문에 많은 호러 영화가 군데군데에 코미디를 넣어 긴장을 잠시 풀어주는 것은, 차라리 선제적으로 긴장을 풀고 이완을 시켜서 이후 있을 폭력적인 장면의 긴장을 한껏 끌어올릴 수 있도록 하기 위함입니다. 스너프나 포르노 영상처럼 폭력을 반복하기만 해서야 긴장이 유지되지 않으니까요. 따라서 폭력에는 드라마가 있어야 합니다. 그리고 이 드라마를 위한 이입이 필요합니다.

제가 남들에게 욕을 먹어가면서도 이런 주장을 하는 이유는 호러를 좋아하기 때문입니다. 더욱더 진한 공포를, 강렬한 폭력을 작품 안에 넣기 위해서는 윤리와 선에 대한 첨예한 고민이 필요하기 때문에 이런 연구를 하는 것이고요. 저는 정치적 올바름에 경도된 게 아니라 게으르지 않은 거예요.

이는 코미디에서도 마찬가지입니다. 저는 폭력적인 코미디를 엄청 좋아하는데, 이런 작품들이 대중적으로 흥했을 때는 언제나 조롱과 풍자를 엄밀하게 구분하고 있었습니다.

강자의 편에 서서 약자를 괴롭히고 놀린다면 그것은 그저 조롱입니다. 반대로 약자의 편에 서서 강자와 대립하고 놀린다면 그때 풍자가 됩니다. 이 둘을 그저 누군가를 놀린다는 것만으로 동일한 행위로 분류해서는 안 됩니다.

조롱과 풍자는 절대 같지 않습니다. 이 둘 다 선을 넘는 행위지만 그 목적과 결과는 정반대입니다.

물론 어떤 사람들은 강자의 편에 서서 약자를 괴롭히고 놀릴 때만 재미를 느끼기도 합니다. 하지만 다행스럽게도 아직은 대중적으로, 또 글로벌하게 호응을 불러일으키기 위해서는 약자의 편에 서서 강자와 대립하고 놀릴 때 재미를 느끼게 설계하는 편이 유리하더군요.

사실 이 또한 이상한 일은 아닙니다. 사람들은 결국 약자에게 이입하게 되어 있거든요. 다들 자기가 유리할 때보다는 불리할 때를 더 우려하니까요. 때문인지 우리는 심심찮게 본인이 절대적으로 우위에 서 있을 때조차 자신을 부당한 피해를 입고 억울한 약자라고 우기는 사람을 발견하고는 하지요.

작법적인 논리에서도 마찬가지입니다. 강자의 편에 서서 약자를 괴롭히고 놀리는 일은 진짜로 선을 넘는 게 아니지요. 그저 비겁하게 권력의 뒤에, 안전한 곳에 숨어 자신보다 약한 사람을 일방적으로 공격하는 일일 뿐이니까요. 이런 태도에 대해 사람들은 흔히 좀 없어 보인다, 짜친다, 찌질하다, 후지다, 천박하다 등의 평가를 남기고는 합니다. 그리고 짜치는 짓으로 많은 사람을 웃게 하기는 좀 어렵습니다.

반대로 약자의 편에 서서 강자와 대립하고 놀리는 일은 진짜로 선을 넘는 선택입니다. 이야말로 약자와 연대하며 강자와는 투쟁하기 위해 전열의 앞에 서서 세상을 바꾸는 용기 있는 일이지요. 이런 태도에 대해 사람들은 흔히 폼난다고 합니다. 그리고 폼나는 모습에 사람들은 언제나 고양되고 마음속 깊숙한 곳으로부터 큰 웃음을 짓지요. 이는 그저 자연스럽고 논리적인 귀결입니다.

장르의 우회적 성격

어떤 사람들은 SF나 판타지처럼 장르적 성격이 강한 작품들을, 있지도 않은 이야기나 허구의 이야기에 불과하다고 비판한다고 하더군요. 현실적이지 않다면서요. 운이 좋아서인지, 저는 제 면전에서 그런 이야기를 하는 사람은 못 본 것 같습니다. 아니면 있었는데 제가 기억에서 지워버렸을 수도 있겠네요. 흠. 순문학은 물론이거니와 다큐멘터리나 뉴스라고 해서 현실과 완벽하게 맞닿아있지는 않을 텐데요.

저는 SF나 판타지처럼 장르적 성격이 강한 작품들을 좋아합니다. 딱 그 사람들이 비판하는 이유에서 말이지요. 장르적 성격이 강한 작품들은 있지도 않은 이야기, 허구의 이야기를 하는데 어떻게 싫어할 수가 있겠어요? 그리고 나아가, 저는 장르적 성격이 강한 작품들이라고 해서 현실적이지 않다고는 생각하지 않습니다. 오히려 더욱더 직설적인 형태로 현실을 비출 수 있다고 보지요.

기실, 애초에 예술의 역사에서 현실을 복제한다는 목표를 기준으로 삼았던 것은 고릿적에 불과하고 그 이후의 예술 담론은 훨씬 더 다양한 범주를 포괄하게 되었습니다. 현실을 재현하는 방법론 또한 훨씬 더 복잡해졌고요.

예시를 들어볼까요? 제가 좋아하는 웹툰 중에 〈좀비가 되어버린 나의 딸〉이라는 작품이 있습니다. 이 작품의 내용은 제목 그대로예요. 좀비가 되어버린 딸을 돌보는 아빠의 이야기지요. 〈좀비가 되어버린 나의 딸〉에서 다루는 감정의 스펙트럼은 무척 넓어, 어떤 에피소드에서는 배가 찢어지게 웃기기도 하고 어떤 에피소드에서는 눈물이 줄줄 흐르기도 합니다. 웃다가 울고 울다가 웃게 만드는 그런 작품이지요.

저는 〈좀비가 되어버린 나의 딸〉을 보면서 저의 할아버지를 떠올렸습니다. 할아버지께서는 오랜 기간 치매를 앓으셨거든요. 할아버지께서 투병하는 그 시간은 저희 가족에게 있어 쉽지만은 않은 시기였습니다. 하지만 언제나 슬프고 항상 괴롭지는 않았어요. 분명 즐거웠던 시간도, 감사했던 순간도 있었으니까요.

만약 〈좀비가 되어버린 나의 딸〉이 현실에 실존하는 질병을, 치매를 소재로 삼았다면 저는 이 작품을 온전히 즐기지 못했으리라 생각합니다. 실제로 투병하는 사람들이 있는데, 그 이야기를 하나의 유희로 소비하기란 쉽지 않지요. 특히나 누군가가 질병을 겪는 과정을 코미디로 다루기는 무척이나 까다로운 작업입니다. 하지만 〈좀비가 되어버린 나의 딸〉은 좀비 바이러스라고 하는 현실에 있지도 않은, 허구의 설정을 통해 이야기를 끌어나감으로써 누군가가 투병을 했고 또 간병을 했던 그 시기를 웃으면서 추억할 수 있게 도와줍니다.

이렇게 장르적 소재들이 상징과 은유로 작동할 때 현실은 더욱더 직관적이고 강렬하게 다가옵니다. 그리고 평소라면 볼 수 없는 각도에서 현실을 인식하게 해줍니다. 가리고 과장하고 왜곡된 상이 더욱더 본질을 잘 전달하는 것이지요. 장르는 현실을 과장해서 재현하지만, 그것은 어떤 의미에서 현실보다 더 현실적인 것이기도 합니다.

일단 밥부터 먹지요

얼마 전, 특강에 나갔다가 재미난 질문을 하나 받았습니다. 인물에게 감정 이입할 장면을 주기 위해서는 어떻게 하면 좋으냐고요. 여러 가지 답안이 있겠습니다만, 그때 제안에서 떠오른 대답이 하나 있었습니다. 일단 밥부터 먹는다는 것이 그 대답이었습니다.

식사라는 행위는 누구에게나 익숙한 일입니다. 어쨌든 대부분 하루에 세 번 정도는 경험하니까요. 그리고 오감을 적극적으로 활용하는 체험이기도 합니다. 치킨집에 가본다고 생각을 해보자고요. 우리는 그곳에서 치킨을 튀기는 소리를 들을 것이고, 매혹적인 빛깔의 치킨을 보게 될 것이며, 향기로운 튀김 냄새를 맡은 뒤 바삭한 식감을 즐긴 다음 치킨의 육즙 가득한 맛을 만끽하게 될 것입니다. 어떤가요. 자연스럽게 오감이 자극되지 않나요? 이처럼 인물이 식사를 하는 장면을 집어넣으면, 독자들은 자연스레 그 인물에 빙의되어 식사를 함께 즐기게 됩니다.

저는 가족보다는 식구라는 표현을 더 좋아합니다. 가족은 집이라는 공간을 공유하고 혈연이라는 인연으로 연결되었다는 이미지가 있지요. 하지만 식구는 조금 다른 것 같아요. 내가 집을 나간 바깥에서 활동하고 생활하는 시간을 공유하는 사람들과의 관계까지 포괄하니까요.

매일 같이 함께 식사를 한 사람들은 곧 우리의 몸을 구성하는 자원을 공유한다는 이야기이기도 해요. DNA가 아닌 성분 면에서 식구들이 내 형제자매보다 더 많은 것을 공유하는 셈입니다. 같은 것을 먹고 같은 생활 반경을 공유하니까요. 그런 점에서 식사는 무척이나 육체적인 경험이기도 합니다.

식사는 정신적으로도 뜻깊은 행위입니다. 우리 모두 밥 먹으면서 다양한 이야기를 나누고는 하지요. 간단한 신변잡기에서 근래의 고민 혹은 과거에 있었던 힘든 일들까지. 식사 자리에서는 먹은 것들보다 더 많은 것들을 토해낼 때조차 있습니다.

더욱이 식사를 할 때 우리는 무방비한 상태가 됩니다.

무기는 내려놓고 갑옷을 풀어놓은 다음 내 신체의 약한 부위를 내보이는 동작을 반복합니다. 그리고 이렇게 무방비한 모습을 보이면 그 상대 역시 긴장을 풀게 되지요.

이 때문에 작중 등장인물이 식사하는 장면을 넣으면, 사람들은 자연스럽게 마음의 문을 열게 됩니다. 등장인물도 다른 등장인물에게, 혹은 독자에게 더 솔직한 심정으로 더 많은 이야기들을 들려주게 되고요.

미야자키 하야오 감독의 작품에서 항상 먹는 장면이 중요하게 다뤄지는 것도 마찬가지의 이유에서일 것입니다. 〈센과 치히로의 행방불명〉에서 치히로가 하쿠에게 주먹밥을 받아먹으면서 닭똥 같은 눈물을 흘리던 장면을 기억하시나요? 어린아이가 잘 알지도 못하는 세계에 홀로 떨어진 채 겨우 맛있는 것을 먹으며 훌쩍이는 장면은 그 자체로 이입할 수밖에 없는 강렬한 장면이었지요.

이러한 식사 장면은 공감만이 아니라 거부감으로도 연결될 수 있습니다. 저는 〈데스 프루프〉에서 커트 러셀이 추접스레 나초를 먹는 장면이 끔찍하게 좋았는데요. 이 사람이 얼마나 기분 나쁜 인물인지, 거부감이 느껴지는 상대인지를 나초 하나로 설득력 있게 보여주었기 때문이었습니다. 물론 그 영화를 다 보고 난 뒤 나초를 먹으러 근처 술집을 찾기는 했지만, 기분 나쁜 장면인 것은 확실했습니다.

저 역시 글을 쓰며 무언가를 먹는 장면을 자주 넣고는 합니다. 〈우주 달 별 사랑〉에서는 달의 등대지기인 소년이 우주를 표류하던 소녀를 구한 다음 간단한 요깃거리를 만들어주었고, 〈반려행성의 종말을 맞이하는 방법〉에서는 주인공이 자기가 기르는 행성에게 별사탕을 뿌려주었어요. 제가 제 소설의 등장인물들을 좋아하는 만큼, 독자 여러분도 제 소설의 등장인물을 좋아해주기를 바랐거든요.

이토록 유용한 작법이니, 여러분들도 무언가 작업 중 막히는 순간이 오거나 인물을 더 보여주고 싶을 때, 그 인물들과 밥을 한번 먹어보시면 어떨까 합니다. 결국 이 모두 다 먹고 살자고 하는 짓이니까요.

짧은 문장과
순우리말의 유혹

 작가 지망생을 위한 문장 수업을 들으면 꼭 이 두 가지 이야기가 나오더군요. 하나는 문장을 짧게 쓸 것. 다른 하나는 번역체, 특히 피동 표현은 쓰지 말 것. 하지만 저는 이 두 가지 조언이 어떤 역할을 하는지는 이해하지만, 반드시 지켜야만 하는 피의 철칙인지는 잘 모르겠습니다.

 저는 위 두 조언이 소설의 문장론이 부재했던 시절의 잔재가 아닐까 짐작하고 있습니다. 문장론이 필요하지만 어떤 기준으로 세워야 할지 아직 논의가 진행되지 않았던 시절, 일단 틀을 하나 옆 동네, 신문사에서 갖고 온 게 아닐까 하고 말이지요.

 문장을 짧게 쓸 것. 번역체, 특히 피동 표현은 쓰지 말

것. 이 모두 신문 지면에서라면 쉽게 납득할 수 있는 기준입니다. 남녀노소 가리지 않고 많은 정보량을 신속하고 정확하게 전달해야 하는 매체라면 당연히 저 두 조언은 무척이나 실용적입니다. 문장이 짧으니 오류가 날 확률을 최소화할 수 있고, 번역체, 특히 피동 표현은 공식적인 지면에서 표준으로 삼기에는 어려움이 있으니까요.

하지만 작가가 쓰는 문장이 기자가 쓰는 문장과 같을 수는 없습니다. 목표와 형식이 너무나도 다르니 말입니다. 작가는 작품의 템포에 맞는 길이의 문장을 써야 합니다. 방언에서 구어까지 폭넓은 문장을 써야 하고요.

마들렌의 향을 맡고 어린 시절을 회상하는 소설의 문장 길이가 마들렌의 영양 정보가 적힌 기사의 문장처럼 짧을 수는 없어요. 성룡의 화려하고 아크로바틱한 격투 장면을 앵커가 중앙에 서서 정보를 전달하는 뉴스처럼 고정된 시점으로 촬영할 수도 없고요. 전쟁터의 참상을 전달하는 시가 전시 상황을 보고하는 기사와 같은 문장으로만 쓸 필요는 없는 것이지요.

하지만 짧은 문장과 교과서적인 문장이 문단문학을 공부하시던 분들의 기준이었던 시기가 있었습니다. 요즘도 그러한지는 모르겠지만, 있기는 있었어요.

저는 문단문학에서 이러한 '신문기자의 문장'을 문장론

으로 수용하게 된 것에는 그 나름의 이유가 있었으리라 짐작합니다. 어디까지나 저의 추측에 불과합니다만, 이는 영화나 만화 그리고 게임과 같은 서사 매체가 생겨나면서, 이들로부터 구분되는 소설만의 독자적인 영역을 갖추기 위해 문장에 집중한 게 아닐까 싶어요. 그렇다고 하면 문단문학에서의 문장에 대한 과도한 집착이 이해가 가지요.

어떤 사람들은 남들이 잘 모르는 고풍스러운 단어나 순우리말을 활용한 글을 더 좋은 문장이라고 주장하기도 하더군요. 물론 그런 시도 자체를 부정할 생각은 없습니다. 작품의 톤을 조정하고 다른 작품과 차별화된 이미지를 만들기도 좋으니까요.

고풍스러운 단어는 물론, 순우리말에 집착을 하며 또 번역체에 거부감을 표하는 맥락도 어느 정도는 이해가 됩니다. 80, 90년대 한국 사회는 일제강점기의 그림자에서 벗어나 우리의 잊힌 전통과 문화를 복원해야 한다는 사명감을 공유하고 있었거든요. 우리다운 게 무엇인지, 어때야 하는지를 정립해나가는 단계에서 그 근간에 관심을 두는 것은 자연스러운 과정이겠지요. 어디까지나 시작 단계에서는요.

저는 장르문학 작가이기 때문에 소설만의 독자적인 영역에 큰 관심이 없기는 합니다. 그 때문에 저는 문장과 어휘에 있어 어떤 경지에 오르고 싶지도 않고, 사람들이 잘 쓰지도 않는 순우리말을 억지로 작품 안에 과시하듯 삽입하고 싶지도 않습니다. 애초에 순우리말부터 한자 順과 우리말을 합성한 단어잖아요.

굳이 소설만의 독자적인 영역을 찾으라면, 저는 영화나 만화 그리고 게임과 달리 아름답게 잘 짜인 문장을 많이 접할 수 있다는 특성보다는 다양한 실험과 상상력을 발휘하기 좋은 매체라는 특성에서 찾고 싶습니다.

문단문학이 일상적인 풍경에서 인물들의 복잡한 내면을 섬세한 문장 속에서 70매 안에 담아내야 하는 것과 달리, 장르문학은 비일상적인 배경에서 인물들의 확실한 표면을 선명한 문장 속에서 700매 안에 담아내야 할 때가 많습니다. 그런 점에서 두 장르의 문장론은 결코 같을 수 없습니다.

길게 불평을 늘어놓긴 했습니다만, 작가 지망생을 위한 문장 수업에서 짧은 문장을 쓰도록 권유하고 번역체, 특히 피동 표현은 쓰지 않도록 가르치는 일 자체를 반대하지는 않습니다. 어쨌든 짧은 문장이 긴 문장에 비해 비교적 다루기 쉬운 것도 맞고, 번역체를 써야 할 곳과 쓰면 안 될 곳이 나뉘기도 하니까요. 다만 글쓰기에 숙달되었다면 부디 그다음 스텝도 밟아보시길 권하고 싶을 뿐입니다.

제4부 재능 없이

살아남기

1등 한 번 하기
vs 3등 네 번 하기

다행인지 불행인지, 저는 제가 재능 없는 작가라는 사실을 꽤 일찍 깨달았습니다. 만약 더 늦게 깨달았다면 좀 더 기고만장해서 재능이 있다고 착각한 작가 지망생다운, 황당무계할 정도로 스케일 큰 작업을 계속했을지도 모르겠습니다. 그러면 더 성장할 수 있는 계기를 만났을지도 모르고요. 뭐, 다 지나간 이야기지만 말이지요.

변명거리가 없지는 않습니다. 저는 SF를 비롯해서 장르 관련 공모전이 얼마 없는 시기에 작가 지망생으로 지냈기에, 장르적 성격이 강한 제 작품은 공모전에서 수상하기 무척이나 어려울 것처럼 보였거든요. 더욱이 저는 가볍고 웃음기가 강한 작품을 주로 썼는데, 이런 작품들은 공모전 대상을 받기에는 진중함이 떨어진다고도 생각했고요. 당시의 공모전들은 품격을 요구한다는 것이 제 판단이었는데, 이게 올바른 짐작이었는지는 아직도 잘 모르겠습니다.

제 짐작이 맞건 틀리건, 저는 대상을 받은 경험이 많지 않은 작가인 것은 사실입니다. 하지만 그렇다고 해서 글쓰기에 대한 의욕을 잃거나 좌절하지는 않았습니다. 대신 저 나름의 전략을 세우기로 결심했지요. 절대로 1등을 할 수 없는 작가라면, 그만큼 3등을 많이 하는 작가가 되자고 말이지요. 1등 상금이 100만 원이고 3등 상금이 30만 원이라면, 1등을 한 번 하는 것보다 3등을 네 번 하는 것이 더 이득이라고 생각하면서요.

네. 제 목표는 3등이었습니다. 저는 장르적 성격이 강한, 또 가볍고 웃음기가 강한 작품을 주로 썼습니다. 그리고 어떤 공모전이건 모든 수상작이 진중하고 무겁기만을 바라지는 않을 것이라고 짐작했습니다. 다채로운 색을 보여주기 위해 저처럼 품격은 없지만 개성은 강한 작가를 필요로 할 것이라고 말이지요. 결과적으로는, 그러게요, 저는 재능 없는 작가지만 살아남는 데 성공한 작가라는 사실이 대답이 되겠지 싶습니다.

이는 제게 있어서 자부심이기도 합니다. 맞아요. 저는 일등감 작가는 아닙니다. 공모전의 대상이나 국제적인 도서

상을 받거나 할 타입은 아니에요. 그런데 그러면 뭐 어떻습니까? 세상에는 오히려 1등을 노리는 작가보다 3등을 노리는 작가가 더 드뭅니다. 제 목표는 역사에 남는 걸작을 쓰는 대작가가 아니라 언제까지고 즐겁게 글을 쓰는 생활형 작가입니다. 그렇다면 언제나 안정적인 3등을 노리는 작가로서 수요에 맞는 공급으로 작동하는 편이 훨씬 더 생산적인 전략이지요.

더욱이 SF 시장이 확장되고 앤솔로지에 대한 수요가 늘어나면서 저의 3등 전략은 제법 괜찮은 결과로 이어졌습니다. 앤솔로지는 코스 요리와 같아요. 모두가 묵직하고 기름진 스테이크를, 메인 메뉴를 차지하려고 하면 책의 전체적인 구성과 밸런스가 잘 맞지 않게 됩니다. 저처럼 가벼운 웃음기가 강한 글을 쓰는 작가는 결코 메인 메뉴가 될 수는 없지만 상당히 괜찮은 전채요리나 디저트는 될 수 있지요. 저는 그편이 더 즐겁습니다.

저는 예전에 《이웃집 슈퍼 히어로》라는 슈퍼 히어로 앤솔로지에 참여한 적이 있습니다. 그때 수록한 작품은 〈월간 영웅홍양전〉이라고 하는 작품이었어요. 생리 기간이 되어서 스트레스를 받으면 슈퍼 파워가 생긴다는 설정에서 출발한 내용이었는데요. 설정부터 보시면 아시겠지만 코믹한 러브 스토리였습니다. (변명을 더하자면 이 소재에 대해서는 남자 작가인 제가 함부로 말을 얹으면 안 될 것 같아, 15명가량의 여성 지인과 동료들에게 사전 감평을 부탁했었습니다.)

이 내용은 제 입장에서는 일종의 필연이었는데요. 그때 그 앤솔로지에 참여했던 작가님들은 하나같이 다 쟁쟁한, 기라성 같은 분들이었습니다. 그리고 당시 한국에서는 거의 다뤄지지 않던 슈퍼 히어로라는 무거운 소재까지. 괜히 제가 어깨에 힘주고 폼 잡고 들어가서야, 원. 도무지 승산이 없는 노릇이었지요. 그래서 저는 가능한 한 가볍고 빠르게, 유쾌하게 분위기를 잡아 책의 전체적인 톤을 맞추는 윤활유 역을 자진해서 맡은 것이었지요.

야구팀의 모든 선수가 4번 타자일 필요는 없습니다. 모든 선수가 에이스 선발 투수일 필요도 없습니다. 발이 빠른 타자가 1번에 서서 출루율을 높여 투수를 위협하면 홈런타자보다 더 승리에 기여할 수도 있습니다. 위기 상황에서도 평정심을 잃지 않는 중간계투가 승부의 향방을 가르기도 합니다. 저는 작가도 마찬가지라고 생각해요. 서점에 깔린 모든 책이 노벨상 후보가 될 걸작일 수도 없고, 그럴 필요도 없다고 생각합니다.

저의 이런 전략을 패배자의 변명에 불과하다고 여길 분들도 계시겠지요. 하지만 뭐 어떻습니까? 저는 재능 없는 작가지만 살아남은 작가입니다. 전 제가 재능이 있더라도 살아남지 못한 작가가 되느니 재능 없이 살아남은 작가가 되고 싶었고 제 목표를 달성했습니다. 그 정도면 전 만족해요. 그 정도에 만족했으니 살아남은 것이고요.

제가 작가로 데뷔하고 얼마 지나지 않았을 무렵, 제가 무척이나 존경하고 따르는 김보영 작가님께서 저에 대해 이렇게 평가해주신 적이 있습니다.

 슈퍼 전대물로 치면 레드는 아니지만 핑크고, 슈퍼 히어로팀으로 치면 가장 강한 히어로는 아니지만 코믹하게 분위기를 풀어주는 히어로!

그리고 이런 캐릭터는 어디에도 빠지지 않는 감초 같은 캐릭터라고도 말씀해주셨지요. 정말로 저에게 있어 이보다 더 큰 찬사는 없었습니다. 저는 베이비핑크가 어울리는 여름 쿨톤에, MCU 최애 슈퍼 히어로는 앤트맨이거든요.

듀나체라는 수렴진화

 한때 SNS에서 '듀나체 따라 하기' 놀이가 있었습니다. 듀나 작가님께서 트위터에서 사용하시는 말투를 따라 하는 장난이었는데요. 듀나 작가님 특유의 정중하면서도 거리감이 느껴지는, 그러면서도 세밀한 포인트를 놓치지 않는, 그러면서도 가끔은 톡 쏘는 단어 선정이 킥이 되는 말투가 재미나서 그런 놀이를 즐겼던 게 아닌가 싶어요.

 하지만 항상 SNS에서 유행이 생기면 이에 대해서 비아냥거리는 사람들이 나오기 마련이지요. 듀나체 따라 하기 놀이에도 이렇게 깐죽거리는 사람들이 붙었습니다. 아마 이런 트롤러들의 등장까지가 재미난 유행이지 싶지만, 듀나체를 조롱하는 사람들은 듀나 작가님이나 그 비슷한 말투를 쓰는 사람들이 교양 있는 척을 한다면서 깔봤다는 점에서 보기 꼴사나웠던 기억이 있네요.

저 개인적으로 이 유행이 더욱 재미나게 즐겼던 점이 하나 있습니다. 그것은 바로 듀나 작가님의 말투를 조롱하던 사람들이, SNS에서 오래 활동하고 영향력이 생긴데다 또 본인들 또한 자신들이 만든 생산물을 SNS에서 판매하기 시작하면서 그들이 그토록 조롱하던 듀나체를 쓰기 시작했던 것입니다. 어쩜 그렇게 잘만 따라 하시던지.

제가 앞서 듀나 작가님의 말투를 '정중하면서도 거리감이 느껴지는, 그러면서도 세밀한 포인트를 놓치지 않는, 그러면서도 가끔은 톡 쏘는 단어 선정이 킥이 되는' 말투라고 소개하였지요? 이는 곧 듀나체는 SNS에서 불필요한 불화를 일으키지 않기 위해 최적화된 말투라는 이야기이기도 합니다. 정중하게 상대방을 존중하니 싸움이 일어나지 않고 거리감이 느껴지니 사람들이 괜히 달라붙지도 않지요. 세밀한 포인트는 놓치지 않으면서 또 가끔은 톡 쏘는 단어 선정으로 흥미를 부르니 팔로워들이 늘어나기 좋고요.

듀나체를 조롱하던 사람들이 듀나체를 쓰게 된 것 역시 그 사람들이 아무나 붙잡고 욕하고 다니기만 하면 되는 속 편한 팔자에서 실제 산업현장에 뛰어들어야만 하는 상황이 되자, 그들 또한 생존을 위해 듀나체로 수렴진화를 하고 만 것이라 할 수 있겠어요.

이러한 수렴진화는 SNS 문체에만 국한되지 않습니다. 작품 속 문장에서도 비슷한 일이 일어나고는 해요. 다들 아나운서처럼 정돈된 언어를 쓰기 시작하지요. 특히 유행어를 쓰지 않게 되고는 합니다. 나이를 먹으면 먹을수록 유행어를 작품 안에 쓰기 어려워지거든요.

어디까지나 제 기준에서의 이야기입니다만, 작품에 유행어를 넣기란 무척 부담스러운 일입니다. 나이 먹을 대로 먹은 아저씨가 어설프게 요즘 젊은이들 사이에서 유행하는 단어를 알아내서 작품 안에 담아봤자 어색하기 십상입니다. 또래끼리만 쓰는 단어는 또래만의 맥락에서만 작동하니까요.

제가 열심히 공부해서 그 맥락까지 잘 재현했다고 해도 문제는 여전히 남습니다. 작품의 유통기한이 짧아져요. 유행어라는 것도 어떤 단어는 반짝 흥했다 사라지고 어떤 단어는 또 아예 사전에 등재될 정도로 보편적인 개념이 되고 그러지 않던가요? 지금 써서 재미난 유행어가 10년은커녕 5년도 지나지 않아 누구도 쓰지 않게 되는 경우는 무척이나 흔합니다. 저 역시 《무안만용 가르바니온》의 온라인 정모를 다룬 에피소드는 다시 꺼내 볼 때마다 얼굴이 빨개져서 도무지 읽지를 못하고 있고요.

그 때문에 저 자신은 유행어를 잘 쓰지 않지만, 학생들을 지도할 때 오히려 그 또래의 학생들만 아는 언어를 쓰라고 권하기도 합니다. 이렇게 유행어를 활용하는 건 잘만 쓰면 그 시대에 대한 명확한 기록이 되기도 하거든요. 굳이 제가 쓰기에는 여러 가지 난관이 있어서 유행어를 사용하진 않지만, 젊은 작가 지망생이 향후 몇 년 동안만 제대로 쓸 수 있는 단어를 자신이 살았던 시대에 대한 기록으로 남기는 것은 분명 유의미한 작업이라고 생각합니다.

그 학생들도 나이를 먹고 저처럼 유행에 뒤처진 중년이 되면, 제가 그러했고 제 위의 다른 작가님들이 그러하셨듯 알아서 좀 더 보편적인 단어를 쓰게 되겠지요. 마치 수많은 트롤러들이 나이를 먹고 SNS에서 나대지 않으며 듀나체를 쓰는 중년이 된 것처럼요.

삶과 작품
그리고 모든 재미에 대한
궁극적인 질문

 어떻게 하면 재미난 글을 쓸 수 있나요?

학생들이 항상 하는 질문 중 하나입니다. 제가 그걸 알면 이렇게 살고 있지 않을 텐데도 말이죠. 그리고 그 답을 누군가에게 가르침을 받는 것만으로도 자신이 활용할 수 있다면 제가 그걸 알고 있는 작가님들에게 이미 질문을 했을 텐데도 말이죠. 하지만 그런 질문을 하는 마음이 이해가 가지 않는 바도 아닙니다.

물론 여기에는 아주 빤한 답이, 또 그럭저럭 효과적인 답이 하나 있습니다. 그건 바로 좋은 작품을 많이 보고 많이 공부하고 많이 써보라는 대답이지요. 이 대답에 대해서는 나중에 한번 더 길게 말하고 싶긴 하지만, 여기서는 그 대답보다는 이 대답에 이어지는 추가 질문에 관해 이야기하고 싶네요. 바로 아래 질문에 대해서요.

 하지만 작가 A는 작품을 엄청 재밌게 쓰는 사람인데 인터뷰에서 다른 사람의 작품을 많이 보지 않았고 별다른 공부도 하지 않았으며 처음 쓴 작품부터 잘 썼다고 말했는걸요. 그 사람들은 어떻게 된 건가요?

음. 여기에는 두 가지 가능성이 있습니다. 하나. 작가 A가 인터뷰에서 거짓말을 했다. 놀랄 일은 아닙니다. 여러분, 정치인만 인터뷰에서 거짓말을 하는 게 아닙니다. 어떤 작가들은 인터뷰에서 허황된 거짓말을 늘어놓으면서 자신에 대한 가공의 이미지를 연출하기도 해요. 그리고 그건 딱히 도덕적으로 규탄할 일은 아닙니다. 모든 거짓말이 의도적인 것도 아닙니다. 어떤 거짓말은 자기가 진심으로 믿으면서 출발하니까요.

둘. 진짜로 그냥 썼는데 재밌게 잘 썼다. 좋은 작품을 많이 보면 더 재미난 글을 쓸 수 있게 된다는 이야기는 재미난 글을 쓰기 위해서는 좋은 작품을 많이 봐야만 한다는 의미는 아니죠. 그렇게 주장하면 논리에 오류가 있는 거예요. 감각이 탁월한 사람은 실제로 처음부터 재미난 글을 쓰기도 합니다. 이렇게 감각이 탁월한 사람이 경험까지 풍부하면 일기만 써도 대하 서사시가 나오기도 하고요.

이렇게 감각이 탁월한 사람은 다채로운 경험과 독특한 시선의 소유자인 경우가 많습니다. 남들이 겪어보지 못한 자신만의 경험을, 자신만의 시선을 고스란히 작품 안에 옮기기만 해도 이채롭고 흥미로운 이야기를 만들 수 있게 되는 것이지요. 어떤 사람들은 이렇게 감각이 탁월한 사람들을 타고난 작가라고, 진짜배기 천재라고 선망하기도 합니다. 으. 제발 그러지 좀 말았으면 합니다만.

특별한 사람만이 특별한 글을 쓴다는 주장은 그 자체로 동어반복인 동시에 작법적으로 무의미한 발화입니다. 여기에 도대체 어떤 고민이 가능합니까? 그저 발화자가 자신은 누가 특별하고 누가 평범하다고 낙인을 찍을 수 있는 특별한 존재라고 선언하는 것 외에 무슨 의미가 있겠습니까?

다채로운 경험과 독특한 시선의 소유자가 이채롭고 흥미로운 이야기를 만들기 쉬운 것은 맞습니다. 작가로서 유리한 출발점에 선 것도 맞습니다. 하지만 이런 속성은 어디까지나 유리한 출발점이지, 성공적인 종착점까지 담보하지는 않습니다.

다채로운 경험을 소재로 사용하는 작업은 그 경험을 다 소진하는 순간 멈출 수밖에 없습니다. 지속적으로 다채로운 경험을 해나갈 수 있다면 작업 기간을 더 늘릴 수 있겠지만 이 또한 쉬운 일이 아니지요. 타고난 성향의 도움은

받을 수 있겠으나 나름의 노력도 요구되는 방식인 셈입니다.

무엇보다 이런 작업 방식은 내가 원한다고 따라 할 수 있는 성질의 것이 아닙니다. 내가 어떤 경험을 하기를 원해서, 혹은 그저 하게 되어서 하는 것과, 내가 더 좋은 작가가 되기 위한 발판으로 삼기 위해 어떤 경험을 찾아서 하는 것이 같은 경험이 될 수는 없습니다. 전자는 자연스러운 성찰로 이어지겠으나 후자는 기만적인 여가 생활에 그칠 위험이 크지요.

애초에 다들 각자의 자리에서 자기만의 투쟁을 하고 있습니다. 그저 언어화의 경험이 적을 뿐, 감각적으로 잡아채지 못했을 뿐 누구나 특별함을 갖고 있습니다. 애초에 작가가 되기 위한 특별함을 타고 난 사람이라는 이미지는 상당 부분 허상이에요. 그리고 그런 허상은 장사치와 사이비 종교 교단에서 자주 함정으로 이용하고는 하지요. 창작자 집단의 분위기를 컬트적으로 만들어 숭배받고 싶어 하는 얼뜨기도 이런 허상을 좋아하고요.

감각이 탁월한 사람들을 타고난 작가라고, 진짜배기 천재라고 선망해서 자신도 그런 사람이 되고 싶다고 생각하는 경우는 차라리 건전합니다. 하지만 자신은 그런 사람이라고 믿기 시작하는 경우는 보기 안쓰러울 정도로 민망한 장면이 연출되고는 합니다. 아무도 좋아하지 않을 기행을 저지르면서 그에 대한 책임을 예술가인 자신에게 묻는 것은 불경하다고 일갈하고는 하지요. 그리고 세상에는 이런 사람들이 여러분들이 생각하시는 것보다 훨씬 많습니다.

술 먹고 토하고 고함치고 예술가라서 그렇다고 회피하고 돌출적인 발언이나 행동으로 주변 사람들 기분을 잡치게 만든 다음에 자신이 너무나도 톡톡 튀는 사람이라서 그렇다고 정신 승리하고 남들이 하지 말라는 것만 하고 다니다가 이상한 망상 속에 살게 되고 아이고 차라리 혼자 그러고 살다 말면 "지 팔자 지가 꼬는 거지." 하고 넘어가면 그만이겠습니다만, 다른 사람들마저 자신의 기행에 동참시키고 자신을 숭배하도록 강제하며 이것만이 진정한 예술이며 이런 기행을 저지르지 못하는 너희들은 가짜라고 일갈하기까지 하니 세상에 이만한 민폐가 없지요.

그리고 이 방법은 잘못될 경우, 작가가 자신의 삶만이 아니라 주변 사람들의 인생을 그저 소재거리로 취급해 자기 멋대로 전시하는 방향으로 나아가기도 합니다. 이 경우는 소설가라기보다는 사건사고를 취합해 부풀려서 과장되게 방송하는 유튜브 채널 운영자에 가까운 방향이라고 할 수 있겠습니다. 창작이 아닌 스캔들을 생산하고 비평이 아닌 가십을 소비하는 것은 딱히 흥미로운 일은 아닙니다. 작법적으로 유의미한 발전을 이루기도 어렵고요. 그런 스캔들과

가십은 이미 몇천 년 전부터 다른 사람들이 해왔던 일이잖아요.

반면, 좋은 작품을 많이 보고 많이 공부하고 많이 쓰는 것은 최소한 누구를 괴롭히지는 않습니다. 생업에 방해될 정도로 매진하지 않는 한 자신의 앞길을 망칠 일도 아니고요. 결국 "어떻게 하면 재미난 글을 쓸 수 있나요?"라는 질문에 "타고나길 그렇게 태어난 사람이 있습니다."라는 답은 굳이 하지 않아도 될 이야기고, 좋은 작품을 많이 보고 많이 공부하고 많이 써보라는 대답이 가장 효과적인 이야기일 수밖에 없습니다. 아주 빤한 이야기이기도 하지만요.

마감 실패에 이르는 병

 마감 실패에 이르는 병.
그 병의 병명은 내글구려병입니다.

 많은 작가 지망생이 내글구려병의 고통을 호소하고는 합니다. 이건 업계기밀인데, 실은 현역으로 활동 중인 작가 중 적지 않은 수가 내글구려병의 고통 속에 살고 있습니다. 그러니 내글구려병을 앓고 계신 작가 지망생 여러분은 괜히 기죽지 마십시오. 남들도 다 그렇습니다. 당신이 사춘기 때 읽고 감동했던 그 작가도, 국제적인 문학상을 받은 그 작가도, 인세로 건물을 세운 그 작가도 다 이 병을 앓고 있습니다. 여러분들이 그 병을 앓고 있다고 해서 여러분의 작품이 실제로 구린 것이 아닙니다.
 저는 학생들이 저에게 내글구려병에 대해 호소할 때마다 그건 그냥 당연한 일이고, 사실 무척이나 다행스러운 일이라고 달래고는 합니다. 원래 손보다 눈이 빠른 법이라고도 달래고요.

조금 더 자세히 설명해드리자면 이렇습니다. 손보다 눈이 빠르다는 이야기는, 더 어떤 작품이 좋은 작품인지를 인식하고 이해하는 속도가 더 좋은 작품을 쓰게 되는 속도보다 빠르다는 이야기입니다. 그리고 이건 논리적으로 아주 당연한 이야기이기도 합니다. 어떤 작품이 좋은 작품인지를 알아야 그런 작품을 쓸 수 있도록 노력하게 되지 않겠어요? 그러니 내가 만족할 수 있는 기준은 내가 쓸 수 있는 수준보다 항상 앞설 수밖에 없습니다. 그러니 손보다 눈이 빠른 것이고, 내가 쓴 글에 내가 만족하기란 쉽지 않은 것입니다.

오히려 문제는 아직 미처 여물지 못한 상황에 내가 쓴 글에 내가 만족하는 경우입니다. 이건 나의 성장이 멈추었다는 이야기예요. 내 목표가 내 실력보다 높지 않다는 이야기입니다. 그러니 더 나아지려고 노력할 동력이 부족한 상황인 것입니다. 이렇게 더 올라갈 여지가 없다는 것은 결코 기쁜 일이 아닙니다.

그래서 어떤 학생이 다른 친구들은 자기처럼 내글구려병 없이 항상 만족스레 글을 쓰고 자신감이 넘쳐서 질투가 나고 조바심이 난다고 할 때마다 오히려 네가 더 유리한 상황일 수 있다고 달래고는 합니다. 만약 당신이 창작을 시작한 지 얼마 안 된 작가 지망생이라면 내글구려병은 당연히 앓을 수밖에 없고, 지금 앓는 것이 오히려 축복이라는 사실을 알아야만 합니다.

교육자의 입장에서도 마찬가지입니다. "교수님, 제가 쓴 글이 너무나도 부족해요."라고 말하는 학생을 지도하는 것이 "교수님, 제가 쓴 글은 완벽하니까 단 한 글자도 꼬투리 잡지 못할 겁니다."라고 말하는 학생을 지도하는 것보다 훨씬 수월합니다. 물론 후자의 학생은 후자의 학생대로 가르치는 재미가 있기는 합니다만, 전자의 학생이 후자의 기세에 눌려 괴로워하는 모습은 그렇게 달갑지 않네요.

내 실력이 성장하는 것이 체감되지 않아도 조바심을 느끼지 않았으면 합니다. 어차피 글은 쓰다 보면 늘어요. 다른 모든 작업과 마찬가지로요. 하지만 이 성장은 계단처럼 정체 구간과 상승 구간이 반복되는 식이라, 정체 구간에서 머무는 시간이 길어지면 성장이 멈춘 게 아닌가 두렵고 긴장하게 됩니다. 하지만 야속하게도 이런 두려움과 긴장은 정체 구간에서 탈출하도록 돕기보다는 오히려 그 구간에 머물게 되는, 발목을 잡는 요인이 되고는 합니다. 역설적인 이야기입니다만, 성장에 집착하지 않고서 어깨에 힘을 빼고 언젠가 더 나아지리라는 희망만 품고 하던 작업을 묵묵히 하는 것이 훨씬 효율이 좋은 방법인 셈입니다.

특히 내글구려병에 걸려 자기가 이제까지 쓴 글을 다 삭제하는 학생을 보면 비명을 지르고 맙니다. 제발 그러지 마시라고 간청합니다. 학생들이 열심히 작업하다 마음에 안 든다고 글을 다 갈아엎을 때마다 저와 제 동료 교수들은 억장이 무너집니다. 학생들 키보드에서 딜리트 키를 빼버리고 싶다고 서로 하소연할 때가 한두 번이 아닙니다. 글이 별로인 건 문제가 아닙니다. 완벽보다는 완성이 더 중요해요. 의도대로 써 내려가지 못해도 괜찮습니다. 글이 별로여도, 의도대로 써지지 않았어도 이제까지 쓴 글은 그 자체로 실패의 데이터가 됩니다. 그리고 성공의 데이터만큼이나 실패의 데이터도 중요합니다.

그 때문에 저는 학생들에게 제발 쓰던 과제를 날려 먹지 말라고 빌고 또 빕니다. 마음에 들지 않으면 과제를 삭제하지 말고, 마음에 들지 않은 부분을 붉은색으로 글자색을 변경하고 어떤 이유로 이 부분이 마음에 들지 않았는지, 무엇이 문제라고 생각하는지를 메모해서 제출하라고 합니다. 다 날려버리면 구체적인 반성과 피드백이 불가능하고, 결국 또 똑같은 실수를 저지르기 마련입니다. 그래서는 안 됩니다.

몇몇 분들은 이제까지 제 글을 읽고 "잠깐. 그렇다면 작가들은 영원히 자기 글에 만족하지 못하고 내 글이 구리다고 생각하며 엉엉 울어야만 하나요?"라고 생각하실 수도 있겠군요. 축하드립니다. 그분들은 작가란 직업이 어떤 직업인지를 이해하신 분들입니다. 눈치 빠르신 분들입니다. 맞습니다. 계속 고통 속에 사는 것이 좋은 작가가 되는 길입니다.

이렇게 말을 해놓긴 했습니다만, 저는 내글구려병에서 빨리 벗어난 편입니다. 만약 저의 이런 고백을 듣고서 "그래서 네가 쓴 글들이 다 그 모양 그 꼴이구나."라고 생각하신 분도 계실 텐데요. 맞습니다. 이분들 또한 눈치가 빠른 분들이십니다.

그래서 저는 저의 성장을 위해 다른 형태로 노력하고는 합니다. 여러 가지 작법을 연구하고 실험하는 식으로 말이지요. 내글구려병에 걸려 나 스스로를 채찍질하면서 성장할 수 있는 시기는 지났으니, 다른 형태로 성장동력을 끌어올리고 있는 것입니다. 덕분에 내글구려병을 앓던 때보다 성장의 속도는 낮아졌지만, 마감은 더 수월하게 지키게 되었네요. 이 정도면 적당히 괜찮은 변화라 생각합니다.

내글구려병을 앓는 분들도 언젠가는 선택의 기로에 서게 될 수 있습니다. 내 글에 만족할 것인가, 만족하지 않을 것인가. 그리고 내 글에 만족하게 된다고 더 좋은 것도 아니고, 만족하지 않고서 계속 상승 욕구를 가져야만 한다는 법도 없습니다. 그러니 부디 내글구려병을 앓는 모든 분들, 마음 편하게 먹고 스스로의 감정을 객관적으로 갈무리하실 수 있게 되기를 빌겠습니다.

글쓰기가 재미없는데
글을 써야 할 때

글쓰기가 재미없는데 글을 써야 할 때 어떻게 하면 좋을까요? 여기 간단한 답이 있습니다. 글쓰기가 재미없으면 글을 쓰지 않으시면 됩니다. 아주 간단한 해결책이지요. 아니, 왜 재미없는 일을 구태여 한단 말입니까?

무책임한 소리가 아닙니다. 재미없는 일은 억지로 하면 더 재미없어져요. 그래서 글쓰기가 재미없는데 억지로 하다 글쓰기가 더 재미없어지는 악순환에 빠져들면 그땐 정말 답이 없습니다. 글쓰기가 재미가 조금이라도 없는 순간 빨리 멈추는 것이, 글쓰기가 다시 재밌어질 때까지 필요한 시간과 자원의 양을 최소화할 수 있는 방법입니다.

독서와 글쓰기는 사람이 혼자서 하는 일 중에서 제일

재미난 일들입니다. 독서와 글쓰기만큼 주체적이고 적극적인 독해와 발화는 존재할 수 없습니다. 제 지론으로는 그렇습니다. 제 근거는 다음과 같습니다. 인간은 언어로 사고합니다. 그리고 독서와 글쓰기는 이 언어를 다루는 일들입니다. 그러니 독서와 글쓰기는 가장 원초적인 즐거움을 주는 작업인 것이고, 가장 원초적인 즐거움이니만큼 제일 재미난 일들인 것이지요.

물론 저라고 항상 글쓰기를 즐거워하진 않습니다. 저도 작업하다 막히는 순간은 반드시 나옵니다. 하다못해 등장인물의 이름이 마음에 들지 않아 어떻게 바꾸면 좋을까를 사흘에 걸쳐 고민하기까지도 합니다. 하지만 보십시오. 제가 글쓰기를 재미없어하는 이유는 글쓰기가 만족스럽게 되지 않고 있기 때문입니다. 저의 사고를 언어로 푸는 데 실패하고 있는 것이지요. 그러니 이 상황은 글쓰기가 재미없는 일인 게 아니라, 그 재미난 글쓰기를 제대로 못 해서 재미가 없는 것이라고 말하는 게 정확한 설명이지 않겠습니까?

말장난이 아닙니다. 글쓰기가 재미없다는 이야기는 저의 사고가 저 스스로가 납득할 정도로 이루어지지 않았다는 이야기입니다. 그렇다면 이 상황은 더 오래 사고한다고 풀리는 문제가 아닙니다. 더 많은 언어를 꺼낸다고 해결되지 않아요. 왜냐하면 사고에 문제가 생긴 상황에 사고로 문제를 푼다는 것은, 출구 없는 미로를 빙빙 도는 것으로 탈출한다는 주장과 다름없습니다. 이 경우는 벽을 부숴서 출구를 만들어야, 사고를 정지하고 깨뜨려서 빠져나와야 하는 상황입니다. 그러니 글쓰기를 정지해야만 글쓰기를 다시 할 수 있다는, 얼핏 보면 아이러니 같은 이 주장이 논리적으로 모순되지 않는 것입니다.

만약 여러분이 프로가 되고 싶으시다면 슬럼프는 변수가 아닌 상수라는 사실을 받아들이셔야만 합니다. 작업이 막히는 것은 작업을 하다 보면 반드시 따라오는 문제예요. 모든 것이 계획대로 풀리는 일은 없고, 계획대로 풀려야만 좋은 결과물이 나오는 것도 아닙니다. 머릿속 계획을 작품으로 실현할 때만 계획의 문제점이 보이기도 하고, 계획의 문제점이 없어도 개선점을 찾고 싶기도 합니다. 이건 아쉬운 일이 아니라 당연한 일이에요.

그럼에도 슬럼프가 찾아왔을 때 여러분이 자리에 주저앉아 비운의 예술가 놀이를 해서 얻는 건 하나도 없습니다. 원고를 위해 무언가 노력했다는 착각에 비례해 그럼에도 진도는 하나도 나가지 않은 상황에 대한 자괴감이 커져갑니다. 이런 감정적 격차가 반복되면 아무리 재미난 일도 재미없고 두렵게 느껴지기 마련입니다.

차라리 슬럼프가 찾아왔을 때는 씻거나 청소하거나 산

책하거나 운동하거나 게임하거나 독서하거나 놀거나 하시기를 강하게 권합니다. 이렇게 하면 원고를 위해 아무런 노력도 하지 않았다는 자각과 대신 다른 일들을 정리해서 작업하기 좋은 상황을 마련했다는 만족감을 얻은 채 다시 작업에 복구할 수 있습니다.

여러분이 아마추어시라면? 더 잘 됐습니다. 팍팍 노십시오. 프로는 계약한 원고를 정해진 기간 안에 마쳐야 하기에 억지로 책상 앞에 앉아야만 하는 상황이 생깁니다만 아마추어는 그렇지 않지요. 저는 아마추어는 하고 싶은 일을 하는 사람이고 프로는 하기 싫은 일을 하는 사람이라고 생각합니다. 아마추어는 하고 싶은 것만 해도 됩니다. 그렇게 하고 싶은 일을 반복해서 하다 보면 포트폴리오와 노하우 그리고 자신감이 쌓이기 마련입니다. 이런 포트폴리오와 노하우 그리고 자신감이 쌓일 만큼 쌓였을 때 프로가 되시면 됩니다. 프로가 되어서 하기 싫은 일을 해야만 할 때 여러분의 포트폴리오와 노하우 그리고 자신감은 무척이나 유용한 도구가 될 것이거든요.

〈맹꽁이 서당〉과 학생 체벌

　어렸을 적에 제가 무척이나 좋아했던 학습만화 시리즈가 하나 있습니다. 그 작품은 바로 윤승운 작가님의 〈맹꽁이 서당〉인데요. 조선시대의 역사를 야사와 함께 재미나게 풀어낸 명랑학습만화입니다. 그리고 교수가 된 지금, 저는 이 작품을 여전히 좋아하고 또 높이 평가하면서도 이 작품에서 훈장님이 학동들을 체벌할 때 뭔가 뜨끔한 감각을 느끼는 것도 사실이랍니다.

　이 작품이 연재되던 시기나 배경으로 삼고 있는 시대를 생각하면 사실 〈맹꽁이 서당〉의 훈장님이 아이들을 매로 다스리는 것은 그렇게 어색한 일은 아닙니다. 실제로 그렇게 교육했으니까요. 저부터가 어렸을 때 학교에서 무척 많이 맞고 다녔고요. 하지만 그와 별개로 제가 이런 장면을 제가 만드는 작품 안에 담을 수 있느냐… 하면 그건 무척 미묘한 부분입니다. 담아선 안 된다는 법이야 없겠습니다만, 그래도 다룰 때는 농담거리나 슬랩스틱 코미디보다는 좀 더 정교하고 섬세하게 다뤄야만 할 거예요.

결국 시대가 변하면서 이야기도 변할 수밖에 없는 법이지요. 아동에 대한 체벌이 학대로 여겨지는, 법정 고소로도 이어질 수 있는 심각한 문제로 여겨지는 지금 이 시대에 체벌에 대한 묘사가 예전과 같을 수는 없어요. 누구도 〈맹꽁이 서당〉 같은 걸작을 금서로 지정하자고는 주장하지 않을 것이나, 〈맹꽁이 서당〉에서 체벌을 유머 코드로 활용하는 장면을 굳이 또 요즘 시대에 반복할 필요성을 느끼지는 않을 것이기도 합니다.

이런 문제는 다른 영역에서도 비슷하게 다뤄집니다. 어렸을 적에 제가 좋아했던 서브컬쳐 캐릭터 중 적지 않은 수가 흡연자였습니다. 셜록 홈즈, 스파이크 스피겔, 존 콘스탄틴, 오오사와기 다이테츠, 크루엘라 드 빌…. 하지만 요즘에는 여러 규제와 제약 때문에 작품 속 등장인물이 흡연하는 장면을 구태여 넣지 않지요. 흡연자를 줄이고자 세워진 정책이라는데, 어느 정도 효과가 있긴 한 모양입니다. (그래도 공중파에서 고전 영화에서 흡연 장면이 나올 때 엉터리로 모자이

크를 덧씌우는 작업은 하지 말았으면 합니다만.)

어떤 분들은 "절대로 그래선 안 돼! 표현의 자유를 지켜야만 해!"라고 역정을 내시기도 합니다만, 저는 작품의 예술성만큼이나 공공성도 중요하다고 생각하기에 때와 상황에 따라서는 일정 부분 이런 제약이 필요하다고 생각하는 편입니다. 이는 그저 자유와 규제만의 문제는 아니기도 하고요. 사람들의 정서가 달라진, 달라져야 하는 부분도 분명히 있고 그에 따라 작가가 자신의 사상을 작품에 담는 것만큼이나 세상의 변화를 주목하는 것도 필요하지 않을까요?

무엇보다 저는 창작을 할 때 제 작품이 유통기한에 대해서도 고민하지 않을 수가 없습니다. 예전에 제가 쓴 어떤 소설이 하나 있습니다. 제가 말하기도 참 그렇지만 무척 잘 쓴 작품이었어요. 제 역량이 100이라 한다면 그 작품은 120 정도로, 제 역량을 넘어서는 글이었다고 자평합니다. 하지만 그 작품에서 다룬 소재는 너무나도 그 소설을 쓴 시대의 미숙함, 한계 속에 갇혀 있었습니다. 결국 저는 그 작품을 존재한 적이 없었던 것처럼 대하고 있어요. 그런 작품을 썼다고 이야기하지 않고 저의 포트폴리오에 넣지도 않습니다. 저는 그 글을 폐기했습니다. 저부터가 그 작품이 특정 소재를 다루는 방식에 문제의식을 느끼니까요.

저는 마이너한 취향의 소재를 주로 다루기는 하지만, 저라고 저의 작품들이 가능한 많은 사람에게 읽혔으면 하는 마음이 없는 것도 아닙니다. 특히 지금 이후의 세대들도 저의 작품을 볼 수 있도록 생명력이 강한 작품을 쓰고 싶은 욕심은 무척이나 큽니다. 그리고 저는 저의 야망을 달성하기 위해서 시대가 어떤 식으로 변화하더라도 오래 살아남을 수 있도록 여러 장치들을 고민하고 안배하고는 합니다. 그렇기에 정치적으로 논쟁이 되는 영역이나 인권 감수성과 관련된 문제에 대해 좀 더 섬세하게 다가가려고 하고요.

다시 한번 강조하지만 제가 〈맹꽁이 서당〉은 체벌을 유머 소재로 다루니 이 시대에 읽혀서는 안 될 작품이라 지탄하는 것은 결코 아닙니다. 〈카우보이 비밥〉의 스파이크 스피겔에게 담배 대신에 막대사탕을 물려주자는 것도 절대로 아니고요. 그 작품이 나왔던, 또 다루고 있는 시대의 특성을 무시해서 무슨 의미가 있겠습니까. 저 역시 이 시대를 저만의 방식으로 기록하는 한 사람임도 분명합니다.

그저 저는 욕심쟁이라는 이야기를 하고 싶었을 뿐입니다. 더 많은 사람이 읽을 수 있는, 더 오랜 세월 회자될 수 있는 작품을 만들고 싶을 뿐이라는 이야기를요.

행복한 글쓰기 생활

 누차 말씀드리지만, 저는 글쓰기가 가장 재밌습니다. 그냥 아무 말이나 쓰고 있어도 즐거워요. 제 상상과 생각 그리고 고민들을 이렇게 저렇게 짜 맞추면서 글을 쓰다 보면 마치 퍼즐을 맞추는 것처럼 시간 가는 줄을 모릅니다. 재능 없는 작가인 제가 아직까지 살아남을 수 있었던 데는, 어쨌든 이렇게 작업을 좋아하고 계속해서 할 수 있는 성향이 가장 큰 도움이 되었습니다. 일단 뭐가 되었건 작업물이 나오니까요.

 저는 계속해서 작가로 살아남는 것이 목표이기 때문에, 저의 글쓰기를 향한 이 감정이 마모되지 않도록 노력하고도 있습니다. 네. 글쓰기가 재미없어지지 않도록 온갖 종류의 안배를 하는 것입니다.

일단 제가 계속해서 글쓰기를 재밌어할 수 있는 이유는, 글쓰기가 재미없어지면 안 하기 때문입니다. 그러니 저의 글쓰기에 대한 기억은 항상 행복하게만 남아 있을 수 있습니다. 마감은 어쩌냐고요? 물론 마감 맞추는 일은 중요합니다. 하지만 제가 재미있게 쓴 글도 남이 재밌어하기 어려운데, 저조차 재미없게 쓴 글은 더더욱 어렵지 않겠습니까? 그러니 제가 재미없으면 어차피 망한 글이 나온다고 생각하고 깔끔히 포기합니다. 그리고 글쓰기가 다시 재밌어질 때까지 다른 재미난 일을 합니다.

위 문단을 보고 이런 개새끼, 하고 생각하실 분도 많으시리라 생각합니다. 출판과 편집 분야에서 활동하셨던 분이라면 특히 더 그러시겠지요. 하지만 저는 비교적 마감을 잘 지키는 편에 속합니다. 마감에 늦으면 늦는다고 연락을 하고, 상대방한테서 오는 연락을 무시하지도 않습니다. 다시 한번 강조하지만, 제가 그럴 수 있는 이유는 글쓰기를 좋아하고 무서워하지 않기 때문입니다.

결국 사람의 뇌는 성공과 보상에 의해 작동합니다. 그리고 저는 글쓰기 자체가 성공이고 보상이 되도록 제 작업 과정을 맞춘 것이고요. 글쓰기를 귀찮고 성가셔하고 두려워하지 않도록 제 삶을 설계한 것입니다.

그 때문에 저는 학생들에게 과제를 내주기는 하지만 닦달하지는 않습니다. 제가 타이르고 윽박지르고 해서 학생들이 글을 쓰는 것이 루틴이 되면 안 되기 때문입니다. 제가 윽박질러야만 학생들이 글을 쓰는 것이 공식이 되면, 학생들은 글을 써야만 할 때마다 주변에서 누군가가 윽박질러 주는 환경이 필요하게 될 위험이 큽니다. 그리고 이는 지속적인 작가 활동을 하기에 꽤 골치 아픈 제약입니다.

언젠가 어떤 학생이 저에게 이런 자랑을 한 적이 있습니다.

저 마감 하루 전날에 밤새워서 100매나 쓰고 간신히 탈고했어요!

그리고 그 학생이 기대했던 것과 달리 저는 그 학생을 칭찬하지 않았습니다. 오히려 앞으로는 그렇게 작업하지 말라고 조심스럽게 타일렀습니다. (제 기준으로는 그랬는데, 학생으로서는 꼰대 훈계로 들렸을 수도 있습니다.)

하지만 어쩔 수가 없었어요. 저는 작가이기도 하지만 교육자이기도 하지 않습니까. 마감 하루 전날에 밤새워서 100매를 쓰는 경험은 무척이나 강력한 성공체험입니다. 그리고 이는 건강하다고 할 수는 없는 작업 방식입니다. 이렇게 소위 달려서 마감을 하는 것은 어디까지나 체력이 남아

도는 젊은 시절에만, 일정 조율이 어렵지 않은 학창 시절에만 가능한 작업 방식이거든요. 나중에 나이를 먹고 직장을 다니며 부업으로 글쓰기를 한다면, 이렇게 마감 하루 전날에 밤새워서 100매를 쓰는 것은 불가능에 가깝습니다. 그러니 이런 방식으로 강렬한 성공체험을 하고 루틴이 되지 않도록 경고할 필요가 있었어요.

마찬가지의 이유로 저는 학생들에게 음주 후 작업하지 말라고 강조하기도 합니다. 음주 마감을 하면 화도 내고 혼도 냅니다. 저는 가능한 한 학생들에게 화를 내지 않으려고 하는 데도요. (제가 학생들에게 화를 내지 않는 이유는 제가 성인군자거나 도덕적이거나 해서는 아닙니다. 위엄도 카리스마도 없는 제가 화를 내봤자 학생들 입장에서 보면 가소롭고 하찮고 하여튼 별로 효과가 없어서 그렇습니다.)

원래 술을 마시면 뭐든 재밌어집니다. 그렇기 때문에 술 먹고 글을 쓰면 재미가 두 배가 됩니다. 하지만 이 경우에는 문제가 많습니다. 애초에 술 먹고 글이 잘 써지는 이유는 자기 글에 대한 부끄러움이나 민망함이 사라지기 때문입니다. 자기 글에 자신감을 갖는 것은 중요한 일입니다만, 이 중요한 감정을 술로만 얻을 수 있다면 작가가 되기 전에 알코올 중독자가 되기 마련입니다. 또한 별로인 글에도 잘 썼다고 착각하고 넘어가게 되기 때문에, 어차피 이렇게 술 먹고 글을 써봤자 다음 날 다 다시 고쳐야 제대로 된 글이 나오기에 작업 시간만 두 배로 늘어날 뿐입니다.

저는 학생들이 제 수업을 들으면서 글을 좋아하는 마음, 이 하나만 건져도 대단히 성공적인 수업이라 생각합니다. 창작의 노하우나 필수적인 레퍼런스는 어차피 작업을 계속해서 해나가다 보면 어떻게든 생기기 마련입니다. 그리고 이 작업을 계속해서 해나가기 위해 가장 중요한 것은, 글쓰기를 향한 기대와 애정입니다. 이 마음만 있으면 남이 쓰지 말라고 가로막더라도 어떻게든 글을 쓸 방법을 찾아 쓰기 마련입니다. 그러니 여러분, 여러분들의 글쓰기를 향한 애정에 방해가 되는 요소들을 최대한 피하고 극복하도록 노력하시기를 권합니다. 이것만 있으면 정말로 나머지는 어떻게든 되기 마련, 어떻게든 하려고 하게 되기 마련입니다.

창작자를 위한 합평 가이드

저는 처음으로 강단에 섰을 때 '절대로 합평은 하지 않겠다'라고 생각했었습니다. 지금은 코로나 이후 학생들 사이에 교류하는 분위기를 적극 조성해야겠다고 마음먹고 합평 수업을 만들기는 했습니다만, 그래도 처음으로 합평을 시작하기 전에 30분은 합평의 위험성에 대해 경고하고 주의를 주는 것으로 출발합니다. 합평, 위험해요.

요즘도 그런 분위기인지는 모르겠습니다만, 제가 20대 시절 참여했던 소설창작 동아리에서는 합평에서 모진 질타를 받아 우는 동료가 나오기도 했습니다. 모 대학교 문예 창작 전공에서는 교수가 학생의 작품을 눈앞에서 찢어버리고 욕했다는 이야기를 전설처럼 들은 적도 있습니다. 그런데 저는 이렇게 가혹한 분위기 속에서 상대를 찍어 누르는 방식이 그렇게 효과적인지 강한 의구심을 갖고 있습니다. 도움이 되긴 하나요?

저는 이렇게 강압적인 합평 분위기는 소설창작에 대한 도움보다는 다른 방향에 더 유용하다고 생각합니다. 예를 들어 합평 공동체 사이의 컬트적 위계를 더하기에는 무척 합리적인 방식이지요. 멘토가 멘티의 작품을 제대로 읽지도 않았고 좋은 가이드를 줄 역량도 없으면서도 잘난 척을 하고 싶을 때도 이 분위기는 효과적입니다. 섬세한 성격을 가진 사람을 공동체에서 배제하고 괴롭히기에도 편리하고요. 네. 강압적인 합평은 동등한 성인들 사이에서 맺어지는 안전한 관계가 아니라는 이야기입니다.

합평의 목적은 상대방을 다치게 하기 위함이 아니라 돕기 위함이겠지요. 그러니 상대방이 용기를 가질 수 있도록 피드백을 하는 게 우선일 것입니다. 그렇다면 굳이 다른 사람을 울리고 욕하는 방식을 쓸 이유가 전혀 없는 것입니다.

작품 속 부족한 부분을 짚고 공격하는 것도 의아한 노릇입니다. 많은 경우에 단점은 장점과 같이 어우러지는 경우가 많습니다. 감정을 과잉으로 묘사하는 단점은 인물의 내면에 침잠하는 장점과 연결되고 디테일에 집착하는 단점은 철저한 고증이라는 장점과 이어지는 식으로요. 그러니 단순히 단점을 헤집는 것이 아니라, 그 안에 장점으로 자라날 수 있는 특징을 짚어주는 것이 합평의 목표가 되어야 할 터입니다.

애초에 합평의 목적은 이 사람이 다음 작품을 더 잘 쓰도록 도와주는 것입니다. 그리고 여기서 '더 잘'도 중요하지만 사실 그 이상으로 '쓰도록' 돕는 것이 중요합니다. 더 잘 쓰라고 윽박지르다가 자신의 부족한 면은 인식하되 계속 그런 부분을 되새기느라 더 쓰지 못하게 된다면 본말이 전도된 일이지 않겠습니까? 더 쓰도록 도울 때는 반성할 지점을 짚는 것 이상으로 용기와 의욕을 북돋아주는 것이 필요합니다.

이렇게 공격적인 분위기의 합평이 아니더라도 위험한 경우도 있습니다. 어떤 합평 모임은 그 내부의 분위기가 너무나도 좋고 서로 끈끈한 사이가 된 나머지, 독자들을 생각하고 글을 쓰는 것이 아니라 합평 멤버들의 칭찬을 목표로 쓰는 경우가 생기기도 합니다. 글의 기준이 나나 시장에 있는 것이 아니라 합평 모임에 자리를 잡은 셈이지요.

만약 그 합평 모임의 구성원들이 각자 논리가 탄탄하고 서로 목표하는 바가 명확하다면 이런 끈끈한 분위기는 문제가 되지 않습니다. 하지만 이렇게 생산적이고 건강한 모임은 쉽게 찾기 어렵습니다. 그리고 이런 건강한 모임은 건강한 모임대로 합평 구성원 외부의 평가나 시선에 대해 끊임없이 고민하는 사람들로 모여 있기도 하고 말입니다.

그리고 이렇게 건강한 공동체 안에 속하더라도 합평에서 들은 이야기가 정말로 자신에게 도움이 되는 답인지는 계속해서 의심하고 고민할 필요가 있습니다. 합평에서 나온 결론이 아무리 논리적인 근거가 탄탄해도 그 결론만이 유일무이한 정답이 아니에요. 결국 자신만의 길을 찾는 것이, 자신이 납득할 수 있는 답을 찾는 것이 제일 중요합니다.

그렇다고 합평에 들어갈 때 너무 방어적일 필요도 없습니다. 특히 합평에서 사람들의 지적이나 조언이 상반되게 나오는 경우에 많이 실망하고들 하는데, 실은 전업 작가들 사이에서도 이런 일은 자주 일어납니다. 똑같은 작품을 보더라도 A는 인물이 가볍다고 지적하고 B는 인물이 살아있다고 칭찬하는 경우는 항상 있지요. 그리고 이는 놀랄 일도 아니고 실망할 일도 아닙니다. 누구는 맞았고 누구는 틀렸고의 문제도 아니고요. A나 B 모두 작품을 보면서 자신만의 맥락과 기준 속에서 보았을 뿐입니다. 그 안의 일관성과 논리만 명확하다면 두 사람의 의견이 완전히 상반되더라도 그들은 여전히 모두 믿을만한 합평 구성원입니다.

아니, 잘못했다간 컬트 집단처럼 무리의식이 생겨날 수도 있고 합평에서 하는 조언이 도움이 되지 않을 수도 있는

데 도대체 왜 합평을 하느냐고 의아하실 분도 계시겠지요. 그에 대한 대답이야 간단합니다. 합평에는 합평의 재미가 있거든요. 내가 애써서 만든 작품에 대해 다른 사람들이 열심히 읽고 그에 대해 이야기해주는데 어떻게 재미가 없겠습니까? 애초에 이렇게 내 작품을 통해 들려주고 싶은 이야기가 있고 그에 대한 반응을 보고 싶어서 글을 쓰는 경우가 적지 않던가요? 그러니 합평, 위험한 것 맞습니다. 하지만 합평, 재밌으니까 남용은 주의하되 꼭 한 번은 겪어보시기를 권합니다.

행동력과 스테미너 그리고 창작욕

　모바일 게임을 하다 보면 행동력 혹은 스테미너라고 하는 시스템이 적용된 게임들이 자주 보이지요. 모르시는 분들을 위해 이 행동력 시스템에 관해 설명하자면, 게임 안에서 일정한 행동을 할 때마다 소진되는 포인트라고 할 수 있습니다. 이 포인트를 모두 소진하면 게임 플레이를 할 수 없기 때문에 관리에 주의가 필요해요.

　이 행동력이라고 하는 시스템은 모바일 게임을 하루 종일 붙잡고 있지 못하도록 게임 업체에서 정해놓은 시스템이 아닌가 싶은데요. 저는 이 시스템이 제 일상생활에서도 어느 정도 비슷하게 이뤄지고 있지 않나 싶더군요. 바로 의욕과 기회라는 개념으로 말이지요.

네. 의욕과 기회는 한정된 재화입니다. 무언가 행동을 할 때마다 사라져요. 시간이 지나면 다시 차오르지만, 필요한 만큼 차오르기 위해서는 상당한 시간을 기다려야만 해요. 그리고 시간도 의욕과 기회만큼이나, 혹은 의욕과 기회 이상으로 한정된 재화지요.

모바일 게임을 효율적으로 플레이하기 위해서는 이 행동력을 얼마나 잘 활용하느냐가 중요합니다. 적은 재화와 보상을 주는 던전을 돌기 위해서 많지 않은 행동력을 낭비해서는 안 되는 것이지요. 쓸모없는 곳에 나의 행동력을 낭비했다면 현질을 통해 행동력을 새로 구매하거나 게임 내 이벤트로 주어지는 추가 행동력을 모으거나 아니면 기회를 포기해야 하니까요.

그리고 이는 일상에서도 마찬가지입니다. 별거 아닌 보상을 얻기 위해 우리에게 주어진 선택의 기회를 낭비해서는 안 됩니다. 과금(원고료)과 이벤트(작가와의 만남, 덕질, 독서) 등으로 행동력을 추가로 구할 수는 있겠지만, 이 역시 한계가 있는 법이니까요…라고 말하면 너무 뻔한 자기계발서 같은 이야기겠지요? 이런 당연한 사실을 누가 모르겠습니까.

하지만 그럼에도 불구하고 이런 이야기를 꺼낸 데에는 좀 더 하고 싶은 말이 있기 때문이었어요. 이건 우리의 하루나 한 달 혹은 1년에 걸치는 수준의 문제가 아니라, 작가로 활동할 수 있는 기간에 대한 문제에서도 적용되는데, 저를 포함한 많은 사람이 이를 잊고 살거든요.

저는 이제 마흔 살입니다. 저의 체력이나 건강 상태를 미루어보아 제가 만족스럽게 작품을 쓸 수 있는 시기는 얼추 30년 좀 안 되게 남은 것 같습니다. 프로 작가로 활동할 수 있는 시기는 그보다 훨씬 더 짧겠지요. 1년에 책 두 권 정도 분량의 글을 써왔으니 이 템포로는 60권 정도가 제가 쓸 수 있는 한계치일 테고요. 물론 여기에 다른 문제들이 더 생겨날 테니 그 반의 반이나 더 쓰면 다행이리라 예상합니다. 그러니 저는 이제 제가 써야 할 글을 제법 신중히 골라야만 합니다. 만들 수 있는 이야기와 쓸 수 있는 시간의 잔량을 비교하고 고민해야만 하지요.

이조차도 작가로서 활동할 계획이지, 작가 지망생으로 활동할 계획은 더 가혹하게 계산하게 됩니다. 저 같은 경우에는 작가가 되기 위해 딱 10년만 노력하고, 그 기간 동안 안 되면 작품 활동은 취미로만 하겠다고 다짐했었습니다. 운이 좋아서 8년 차에 데뷔했지만, 당시 저에게 남은 기회는 그렇게 많지 않았어요.

여러분들은 어떠신가요? 작가 지망생으로서, 혹은 작가로서 몇 년 동안 활동하실 계획이신가요? 1년? 5년? 10년? 어느 만큼을 목표로 하느냐는 개인의 의지와 환경에 달린 문제겠습니다만, 부디 계획적인 저축과 소비를 권하는 바입니다. 우리에게 주어진 의욕과 기회는 한정적이니까요.

일일 작업량 계산법

여러분들은 하루에 원고지 몇 매를 작업하실 수 있나요? 저는 얼추 40매를 기준으로 삼고 있습니다. 컨디션이 좋고 의욕이 있는 날은 60매, 70매도 가능합니다만 항상 만전의 태세일 수는 없는 법이니까요. 대부분의 경우 40매를 쓰면 집중력과 효율이 급격히 떨어지기 시작해, 그 이상 원고를 쓰지 않고 작업을 멈추는 편입니다.

제가 이렇게 매수 단위로 저의 작업량을 정해놓은 것은 작업 일정을 잡을 때 무척이나 도움이 됩니다. 마감 일정을 계산할 때 의뢰받은 원고를 작업량으로 나눈 다음 스케줄에 맞춰 일주일 정도의 여유를 마련해놓으면 마감에 심각하게 늦는 경우는 없어지기 때문입니다.

작업 스케줄 = 하루 작업량 / 의뢰받은 원고량 + 여유일 (일주일 정도)

물론 스케줄을 통째로 날려 먹을 정도의 돌발상황이 터졌을 때는 이런 계산도 무의미한 작업이 되기는 합니다. 하지만 마감에 지각한 경우에도 작업량을 인지하고 있는 편이 수습하기 유리한 것도 사실입니다.

여러분들도 꼭 자신의 평균 일일 작업량을 알아놓으시길 권하고 싶습니다. 여기서 중요한 것은 '평균' 작업량이라는 점이에요. 어떤 사람들은 평균 일일 작업량이 아니라 최대 일일 작업량을 놓고 마감을 계산하고는 합니다. 아주 위험한 계산 방식이지요. 내가 열 번 작업해서 한 번 70매를 써본 적이 있다고 해서 매일 70매를 쓸 수 있다고 계산한다면… 아주 처참한 결과가 나올 겁니다.

아주 단순한 산수의 영역에서 이런 계산 방법의 문제점을 짚어보지요. 열 번에 한 번은 70매를 쓸 수 있다. 그리고 나는 700매를 써야 한다. 그러니 열흘이면 나는 원고를 다 작성할 수 있다. 이런 계산법이 됩니다. 그리고 여러분들도 머릿속으로 간단히 계산하셨듯이, 이 계산법이 현실에서 이루어질 확률은 100억분의 1입니다.

100억분의 1의 확률로 일어날 일을 일정에 적용하는

사람은, 그러게요… 소설가를 목표로 하기 전에 산수부터 다시 배우는 편이 좋겠지요. 이렇게 계산을 엉터리로 하는 사람은 베스트셀러를 잔뜩 써서 엄청난 돈을 벌더라도 투자나 자산관리에 실패해 빈털터리가 될 위험이 크니까요.

어쨌든 이런 계산 방법에 익숙해지면 몇 가지 변수를 함께 수식에 더할 수 있게 됩니다. 이를테면 저 같은 경우에는 묘사에 취약한 편입니다. 그러니 묘사가 많은 장면을 쓰는 날은 작업량을 절반 정도로 줄여서 계산합니다. 반대로 대사 중심의, 자연스럽게 흘러나오는 문장을 담는 것이 필요한 날이거나 제가 철저히 초안을 잡아놓은 날은 작업량을 20퍼센트 정도 높여서 계산하고요.

다만 이 계산 방법을 세울 때 주의하실 점. 본인의 평균 일일 작업량이 낮다고 자괴하지 말고, 높다고 자만하지 않아야 합니다. 하루 종일 고심한 끝에 오로지 완벽한 한 문장을 쓸 수도 있습니다. 반대로 하루 동안 별다른 고민 없이 양만 억지로 늘리다가 아무도 읽고 싶지 않을 100매를 쓸 수도 있고요. 그렇다면 여기서 효율적인 작업은 후자보다는 전자에 가까울 것입니다.

물론 여러분이 웹소설을 비롯한 연재형의 작업을 할 때 여러분의 평균 일일 작업량이 높다면 그건 꽤 괜찮은 장점입니다. 그땐 정말 양이 곧 질이에요. 하지만 그렇지 않다고 해서 겁먹을 필요도 없습니다. 여러분들의 평균 일일 작업량은 작업에 익숙해지면 익숙해질수록 늘어날 것입니다. 그리고 작업량이 많지 않아도 꾸준히 쓸 수 있다면 평균 일일 작업량의 부족함을 극복할 수 있고요. 그러니 자신의 평균 일일 작업량을 타인과 비교하며 스스로가 너무 모자란 사람이라고 슬퍼하지는 마세요. 슬퍼해봤자 여러분들 원고가 더 재밌어지는 것도 아니고, 그럴 시간에 한 줄이라도 더 쓰는 게 이득이니까 쓸데없는 고민은 제발 하지 마세요.

작법서가 너무 많다

 작가가 되는데 작법서를 읽을 필요가 뭐 있어? 그런 거 없어도 잘 써. 이미 유명해진 작가 중에 작법서 읽고 작가가 된 사람이 몇이나 되는데? 작법서 읽으면 다 작가 될 수 있나?

와 같은 이야기를 자주 듣고는 합니다. 실제로 제 주변 작가 중 작법서를 읽지 않고서도 작가가 된 사람들이 제법 있기도 하고, 저 역시 데뷔작은 작법서의 도움 없이 완성한 작가입니다. 마찬가지로 작법서는 여러 권 읽었지만, 본인이 만족하는 원고 한 편을 완성하지 못한 작가 지망생도 자주 봤고요.

하지만 그럼에도 단언합니다. 작법서는 유용하다고, 실질적인 도움이 된다고 단언합니다. 저 역시 작법서를 읽음으로써 작업의 효율이 엄청나게 끌어올릴 수 있었고 말입니다.

직관과 이론은 서로를 배척하는 개념이 아닙니다. 직관은 이론을 발견하고 완성하며 이론은 직관을 정돈하고 확장해요. 창작에 있어 영감과 작법도 마찬가지입니다. 영감은 작법의 단초를 찾아내며 작법의 실질적인 활용으로 마무리됩니다. 작법은 영감을 다듬고 더욱더 참신한 영감을 찾도록 도와요. 직관과 이론 그리고 영감과 작법은 상호보완의 개념으로 보는 것이 옳습니다.

물론 모든 영감이 완벽하지 않은 것처럼 모든 작법이 실용성이 있지는 않겠지요. 하지만 그렇다고 해서, 작법서 한 권을 읽고 여러분이 도움을 받지 못했다고 해서 작법 연구 전반이 무용하다는 판단은 좀 성급한 결론이기 쉽습니다.

작법서는 일종의 문법책과 같습니다. 한국에서 태어난 사람이라면 어릴 때 가족이나 이웃 그리고 친구들과 교류하며 말을 깨우쳤을 것입니다. 창작도 마찬가지입니다. 다른 작품들을 많이 읽고 또 보는 것만으로도 자기만의 작품을 만들 수 있습니다. 굳이 문법 공부를 하지 않더라도 한국어를 별문제 없이 할 수 있는 것처럼, 작법 공부를 하지 않더라도 작품을 만들 수 있다는 것은 당연하고 또 자연스러운 일입니다.

문법책만 읽는다고 그 나라 말을 잘 할 수 있게 되지는 않지요. 아는 단어가 얼마 없거나 언어를 접한 시간이 짧을 때 문법책부터 읽을 경우 오히려 언어를 습득할 때 헤맬 수도 있을 거예요. 작법서도 다를 바 없습니다. 작법서만 열심히 읽는다고 작품을 만들 수 있지는 않으며, 오히려 창작의 진도가 느려지는 악영향마저 받기도 해요.

하지만 문법을 알면 더 정돈된 문장을 쓸 수 있는 것처럼, 작법을 알면 덜 헤매면서 작품을 만들 수 있습니다. 여기서 중요한 것은 정돈된 문장이 더 좋은 문장이 아닌 것처럼, 덜 헤맨 작품이 더 좋은 작품이 아니라는 것입니다. 가끔은 말이 꼬이고 단어를 잘못 쓰더라도 더 진실되게 다가오는 문장이 있는 것처럼, 작법과 상충하고 어긋나도 더 깊은 감정을 불러일으키는 작품이 나오기도 합니다.

그럼에도 한 나라의 언어를 깊고 넓게 공부하기 위해서는 결국 문법을 배워야 하는 것처럼, 작법을 공부하면 각 매체와 문화권에 어울리는 전략이 무엇인지를 이해할 수 있습니다. 이 때문에 저는 작가가 되기 위해서는 반드시 작법서가 필요하지는 않다는 의견에 동의하는 동시에, 작가로 오래 살아남고 또 다양한 영역에서 활동하고 싶은 경우, 작법서는 무척이나 유용한 도우미가 되어줄 것이라고 주장합니다.

작가에게 가장 필요한 것

 누군가 작가에게 가장 필요한 것이 뭐냐고 묻는다면 제 대답은 늘 같습니다. 허리 건강을 지켜줄 수 있는 의자와 자연스러운 손목 자세를 유도하는 인체공학 키보드, 그리고 가볍고 편한 마우스와 같은 도구들이 작가에게 가장 필요한 것들입니다. 이제 이 책을 구매하신 분들은 이 한 문장을 읽으신 것만으로도 이 책의 본전은 뽑으셨습니다. 어서 본인에게 맞는 의자와 키보드 그리고 마우스를 구매하세요. 감사의 인사는 됐습니다.

 농담이 아닙니다. 의자는 20만 원 초반대, 키보드는 10만 원 중반대, 마우스는 10만 원 초반대면 적당한 물건을 갖출 수 있습니다. 이 모두 10년 넘게 쓸 수 있으니, 1개월에 5천

원가량의 구독료를 지불한다 생각하시고 한시라도 빨리 준수한 물건들로 일괄 구매하시길 강하게 권장합니다.

저 물건들을 다 합치면 5, 60만 원 안팎입니다. 사람마다 다르지만 작가 지망생이 간단히 턱, 하고 지불할 정도의 금액은 아니기는 합니다. 하지만 여러분의 허리나 목 디스크에 문제가 생기면, 손목이나 손가락에 건초염이 생기면 그때는 생각이 달라지실 것입니다.

이 돈 문제는 치료비에 국한되지 않습니다. 여러분들이 기껏 작가가 되었는데 병원에 다니며 물리치료를 받느라 하루에 두 시간씩 쓰기 시작한다고 생각해보십시오. 작가는 작업 시간이 곧 노동 시간입니다. 여러분들이 작업에 쓸 수 있는 시간이 하루 다섯 시간인데 그중 두 시간을 공친다면 40퍼센트의 월급이 날아가는 셈입니다.

그러니 여러분, 제발 부디 본인에게 맞는 의자와 키보드 그리고 마우스를 구매하십시오. 여러분들이 저의 조언을 듣는 것으로 병원에 물리치료를 받으러 가는 것을 1년이라도 늦출 수 있으면 이 책값과 의자/키보드/마우스 값에 대한 본전은 뽑고도 남을 것입니다.

저는 학생들이 작가로 살아가기 위해 가장 필요한 것이 무엇인가 물을 때마다 항상 도구를 잘 갖추는 것이라 대답하고는 합니다. 물론 "운동해라." 또는 "일찍 자고 일찍 일어나는 루틴을 만들어라." 같은 조언도 중요합니다만, 어차피 이런 조언은 제가 한다고 듣지 않습니다. 여러분의 양육자가 저런 조언을 하셨을 때 들으셨습니까? 그때 듣지 않으셨으면 지금 제가 해도 듣지 않으실 겁니다. 그러나 "도구를 잘 갖추는 것"이라는 조언은 제법 먹히는 편이었습니다.

저는 의자 → 키보드 → 마우스 → 책상의 순으로 강조하고는 합니다. 여유가 된다면 모니터도 구매하라고 합니다. 여러분들이 작업에 집중하는 시간이 길면 길수록 저 물건들이 여러분에게 미치는 영향은 길어지기만 할 것입니다. 웹소설 작가라면 매일 원고를 집필해야 하니 작업 환경에 대한 고민은 하면 할수록 중요합니다. 작업 환경이야말로 물리적으로 여러분의 건강에 직결하는 문제예요. 의자나 키보드 그리고 마우스는 하루 종일 몸에 닿는 물건들이라는 점을 잊으시면 안 됩니다.

저의 작가로서의 지향점은 무언가 한 방 대작을 만드는 것이 아니라 오래도록 생존하는 것에 있습니다. 높이보다는 길이가 제 관심사입니다. 그리고 작업을 오래 지속하기 위해서 가장 중요한 것은 도구의 내구도입니다. 허리나 어깨 그리고 손목은 소모품이라고도 하지요. 한철 장사를 할 생각이 아니라면 소모품의 재고는 상시 기록해두고 경제적으로 사용하는 것이 상식이고요.

하지만 인체공학 키보드나 마우스는 게임을 할 때 거치적거리는데요!

라고 하시는 분도 뵌 적이 있습니다. 그분들을 위한 대답도 이미 준비되어 있습니다.

키보드와 마우스를 작업용과 게임용 두 개씩 구매하시면 됩니다.

요즘은 블루투스 기능이 있어서 USB를 갈아 끼울 수고도 들지 않아요.

장인은 도구를 가리지 않는다던데요?

라는 이야기도 들었네요. 그런데 여러분들은 장인이신가요? 그러하시다면 다행입니다. 아니시라면 반갑습니다. 저는 장인이 아니기 때문에 도구를 가립니다. 앞으로 평생 장인이 되지 않을 계획이고요. 장인은 도구를 가리지 않는다는 속담은, 아직 장인이 아니라면 도구를 가려야 한다는 이야기입니다. 자신을 장인이라고 자신 있게 자처할 수 있는 사람은 도구를 가리지 않아도 되겠지만, 아직 그 경지에 이르지 않았다면 겸허히 도구를 가리고 자신에게 가장 맞는 도구가 무엇인지 항상 고민해야 합니다. 무엇보다 장인은 도구를 가리지 않는다는 이야기는 장인은 나쁜 도구를 써야만 한다는 이야기도 아니니까요. 특히 그 도구가 건강과 직결된 물건이라면 말이에요.

    그러니 여러분, 아시겠지요? 어서 본인에게 맞는 의자와 키보드 그리고 마우스를 구매하세요.

작가에게 가장 필요한 것
다음으로 필요한 것

어느 여름이었던가? 한 학생에게 이런 질문을 들은 적이 있습니다.

어떻게 하면 글을 더 잘 쓸 수 있나요?

라고요. 저는 학생에게 이렇게 대답했습니다.

에어컨을 켜세요.

학생은 깨달음을 얻고 하산했습니다.
   네. 에어컨을 켜면 글을 더 잘 쓸 수 있습니다. 여름에는요. 겨울에는 보일러를 켜면 되고요.

글쓰기에 있어 좋은 환경을 마련하는 것은 작가에게 무엇보다 큰 도움이 됩니다. 글쓰기에 집중력이 얼마나 중요합니까. 그리고 집중력에 있어서 쾌적한 온도와 적당한 습도는 또 얼마나 중요한가요. 그러니 에어컨과 보일러의 적절한 활용은 작가에게 있어서 무척이나 중요한 일입니다.

물론 에어컨과 보일러를 마음껏 활용하기 어려운 상황이신 분들도 계실 것입니다. 저 역시 그러했던 적이 있고요. 그때 저는 아예 피시방으로 가서 소설을 쓴 적도 있습니다. 노트북도 없이 늦은 시간에 작업을 해야 했으니 피시방은 제법 괜찮은 선택지였습니다. 피시방은 일단 손님들이 오래 앉아 있도록 유도하기 위해 쾌적한 환경을 마련하니 소음 부분만 잘 대처하면 훌륭한 작업실이 됩니다. 이후 노트북이 생기고 낮 시간대 작업이 가능해지면서 지역 도서관도 활용하게 되었는데, 돈도 들지 않으니 참 좋았죠.

여기에 추가로 추천을 드리자면 역시 식기세척기와 건조기가 있겠습니다. 이 두 가지는 모두 가사노동에 쓰는 시간을 줄이고 집필 노동에 쓸 시간을 늘릴 수 있는 아주 간단하고 명확한 도구입니다. 에어컨과 보일러가 작업의 질을 높여준다면 식기세척기와 건조기는 작업의 양을 더해주는 도구입니다. 만약 전업 작가를 목표로 하신다면 이 부분에 대해서도 꼭 고심하시길 권합니다.

글쓰기도 노동입니다. 그러니 글을 더 잘 쓰기 위해서는, 질과 양을 더 키우기 위해서는 노동의 질과 양을 키우는 방법과 동일한 방법이 필요합니다. 노동에서 쾌적한 환경은 질을 높여주고 절약된 시간은 양을 늘려줍니다. 의자와 키보드 그리고 마우스가 인체를 오래 쓸 수 있게 도와준다면 에어컨/보일러, 식기세척기, 건조기는 인체를 효율적으로 쓸 수 있게 도와줍니다. 그러니 이 네 가지는 작가에게 가장 필요한 것 다음으로 필요한 것이라고, 감히 그렇게 말씀드리고 싶네요.

나올 때까지 굴리면
확정 가챠

 모바일 가챠 게임을 하는 사람들 사이에 농담처럼 전해지는 명언이 하나 있습니다. 그것은 바로 이 글의 소제목 그대로, '나올 때까지 굴리면 확정 가챠'입니다. 아무리 희박한 확률로 뽑을 수 있는 캐릭터나 아이템이더라도, 나올 때까지 굴리면 100퍼센트의 성공률을 달성할 수 있다는 엉터리 산수법이지요.

 하지만 이 산수법은 투자할 수 있는 자원이 무한정으로 있다면 그렇게 틀린 산수법도 아닙니다. 대수의 법칙에 따라 시행 횟수가 늘어나면 아무리 적은 확률의 일도 이뤄지기 마련이니까요.

 그리고 이 산수법은 창작에 있어서도 마찬가지입니다.

제가 글을 쓸 때 좋은 작품이 나올 확률을 인심 써서 10퍼센트라고 해보지요. 그러면 대략 마흔다섯 개의 작품을 쓰면 저는 99퍼센트의 확률로 좋은 작품을 하나 이상 만들 수 있게 됩니다.

엉터리 같은 계산법이라고요? 하지만 저는 수학적 진리를 말했을 뿐입니다. 그리고 이는 창작에 있어 정말로 중요한 마음가짐입니다. 특히 여러분들이 아마추어로서 아직 계약서를 쓰지 않고 작품 하나를 완성하는 것이 목표인 상황이라면 더더욱 그렇습니다. 쓰는 겁니다. 만족스러운 한 편이 나올 때까지, 몇 번이고 반복해서 시도하는 거죠.

"어떻게 하면 정말 좋은 작품을 쓸 수 있을까?"라는 질문을 들었을 때, 제가 반드시 언급하는 방법이 하나 있습니다. 주변 작가님들의 경험담이나 경과를 봤을 때 무척이나 효과적인 방법이라는 것은 분명합니다. 그것은 바로 '다시 쓰기'입니다.

'다시 쓰기'의 방법은 간단합니다. 일단 작품 하나를 씁니다. 이때 작품이 만족스럽건 만족스럽지 않건 중간에 멈추지 않고 끝까지 다 씁니다. 그런 다음 작품을 처음부터 다시 쓰는 겁니다. 이렇게 다시 쓴 작품이 마음에 들지 않으면? 처음부터 다 다시 쓰면 됩니다. 만족할 때까지요. 네. 나올 때까지 굴리면 확정 가챠인 것처럼 걸작이 나올 때까지 다시 쓰면 확정 명작인 셈이지요.

이렇게 하면 다시 쓸 때마다 작품의 품질이 높아집니다. 이전 작업물에서의 장점은 남긴 채 문제점은 자연스레 개선되니 이보다 더 좋은 작법은 없을 겁니다. 여러 형태의 작법 이론과 플롯 구조가 있지만, 이 방법을 쓰면 그 작품에 가장 최적화된 형태로 이야기가 진행됩니다.

사실 저는 이 작법을 써본 적이 없습니다. 제가 많고 많은 매체 중에서도 하필 소설을 고른 이유는 제가 하고픈 이야기를 가장 빨리, 또 가장 많이 만들어낼 수 있기 때문이었습니다. 만약 제가 영화나 게임을 골랐다면 이제까지 쓴 작품 중 10분의 1도 제대로 구현하지 못했겠지요. 그러고 싶진 않았어요. 제 안에는 이야기가 너무나도 많으니까요. 그러니 시간과 체력을 엄청나게 잡아먹는 '다시 쓰기' 방법은 제게 있어서는 너무나 난도 높은 과제였던 것입니다.

애초에 저는 작품의 수정을 잘 못합니다. 한번 글을 시작해서 마무리를 지었으면 제 안에서는 그 이야기는 이미 끝난 것이라고만 느껴집니다. 이 때문에 출판사와 계약을 맺고 피드백을 받으면 수정 작업에 작품을 쓰는 것보다 더 오랜 시간을 쓸 때조차 있습니다. 그런 점에서 '다시 쓰기'는 저와는 너무나도 안 맞는 작법이고, 사람에 따라 궁합이 안 맞을 수도 있는 것도 분명합니다.

그래서 저는 다른 방법으로 '나올 때까지 굴리면 확정 가챠'를 시도하고 있습니다. 네, 일단 작품을 많이 쓰는 거죠. '빨리 많이 쓰기'라고나 할까요? 만족스러운 글이 나올 때까지 계속해서 쓰고 또 쓰는 것이지요. 이 방법은 다양한 소재를 다루는 경험을 할 수 있고 많은 원고를 이른 시일 내에 마련할 수 있다는 장점이 있습니다.

하지만 이 방법은 '다시 쓰기'와 달리 단점의 극복과 장점의 보존을 통해 하나의 작품을 최적화하는 결말로 이어지지는 않습니다. '빨리 많이 쓰기'는 시행 횟수를 보다 많이 늘리고, '다시 쓰기'는 달성 확률을 높인다고 할 수 있겠네요. '빨리 많이 쓰기'는 다양한 경험으로, '다시 쓰기'는 깊이 있는 경험으로 이어지니까 말이에요.

결국 모범답안은 '빨리 많이 쓰기'와 '다시 쓰기'를 골고루 체험하는 것이겠지요. 정 안 되면 자기와 궁합이 맞는 전략이라도 취하거나요. 어쨌든 수학은 우리를 배신하지 않습니다. '나올 때까지 굴리면 확정 가챠'는 진리입니다.

여기서는 제가 재능 없는 작가로 살아남을 수 있었던 가장 핵심적인 이유, '생존의 비결'을 적도록 하겠습니다.

제 생존의 비결은 바로 운이었습니다. 저는 운이 좋았습니다. 특히 주변 사람들과 환경이라는 운이요. 이것이 가장 큰 비결이었습니다.

이 책 전반에 걸쳐 말씀드린 바와 같이, 제 작가로서의 목표는 장기적인 생존입니다. 계속해서 작업을 할 수 있다면 그것만으로 충분해요. 그리고 저는 저의 이 목표를 달성하기 위해 노력했습니다.

제가 특히 신경을 쓴 부분은 주변 사람들과의 관계였습니다. 업계에서 함께 지내야 하는 동료 작가들과 출판 관계자들 사이에서는 좋은 평판을 받기 위해 노력했으며 일상을 공유하고 지원해주는 친구들 사이에서 의리 있게 행동하고자 했습니다. 이런 생활적 기반이 무너지면 작가로서 오래 활동할 수 없을 것이라는 사실을 분명히 알았기 때문입니다.

하지만 여기에서 중요한 것은 제가 특히 신경을 썼다는 사실이 아닙니다. 왜냐하면 저는 특히 신경을 썼음에도 그 모든 것에서 실패했기 때문입니다. 네. 전 제 노력에서 철저하게 실패했어요. 동료 작가들과 출판 관계자들에게는 실망스러운 태도와 결과를 보여준 적이 많고요. 친구들 역시 저의 경솔함에 의해 상처받고는 했습니다. 정말이지 부끄러운 인생입니다.

제가 이 부분에 특히 신경을 썼다는 것은 제가 이 부분에 특히 자신이 없다는 이야기이기도 합니다. 실제로 자신이 없을 만큼 실패를 반복했습니다. 그저 부끄러울 뿐입니다. 저는 해야 하지만 못한 일이, 하면 안 되지만 저질러버린 일이 너무 많아요.

그럼에도 제가 재능 없는 작가로 살아남을 수 있었던 가장 핵심적인 이유는, 오로지 제 주변 사람들이 저를 받아들여주고 참아주었기 때문입니다. 동료 작가들과 출판 관계자들은 제가 다음에는 더 좋은 원고를 제출하리라 믿어주었습니다. 제 친구들은 저의 한심한 짓을 참아주었고요. 아내는 저에게 실수를 만회할 기회를 주었습니다. 이 많은 사람의 도움 없이 저는 작가는커녕 한 명의 인간으로서 작동하지도 못했을 것입니다. 즉, 저 자신의 노력보다는 이들의 인내심과 배려가 더 유효했습니다. 결국 원인이 제가 아닌 다른 이들에게 있다면, 저 스스로에 대해서는 그저 사람 운이 좋았던 덕분이라고밖에 말할 수 없겠지요.

저는 운이 좋았습니다. 운에 대해서는, 그러게요, 그저 이제까지 운이 좋았던 것처럼 앞으로도 그러하기를 기도하는 것밖에 없겠지요. 물론 그 기도를 거짓으로 만들지 않기 위해서는 주변 사람들을 실망시키지 않도록 계속해서 노력해야 할 테고요. 가장 어려운 문제지만, 이 문제를 해결하지 않고서는 어떠한 성취도 의미가 없을 것입니다.

얼마 전에 뇌과학에 있어 흥미로운 이야기를 들은 바 있습니다. 뇌는 인간이 살면서 직접 경험한 일과 이야기를 통해 간접 경험한 일에 있어서 동일한 회로를 이용한다는 것이었습니다. 물론 경험의 강도와 인식을 통해 현실과 허구를 구분하는 능력도 있지만, 본질적으로는 상당한 영역을 동일하게 공유한다는 것이지요.

달리 말하면 이야기를 보고 또 만드는 것은 그 자체로 인생을 다시, 혹은 더 살아가는 일이지 않을까요? 우리는 이야기를 통해 더 다채로운 인생을 살고 있는 것이 아닐까요? 우리가 태어나 살아가는 것이 목적이라면, 그리고 보다 더 오래, 더 강렬하게 살아가는 것이 목적이라면 이야기야말로 가장 간단히 우리의 목적을 잘 이뤄주는 도구이지 않을까요?

에필로그

저는 그렇게 생각합니다. 기왕 태어난 거, 가능한 한 오래 또 재밌게 살고 싶습니다. 그리고 이야기를 통해 제 삶은 보다 더 머나먼 영역까지, 더욱더 깊이 있는 영역까지 확장될 수 있다고 생각합니다. 실제로 그렇게 느끼고 있고 말입니다. 그 때문에 세계 있어서 이야기를 보고 또 만드는 일은 무엇보다도 우선합니다.

우리는 우리가 살고 있는 세계를 이승, 차안이라 하고 죽어서 가는 세계를 저승, 피안이라고 합니다. 현실은 이곳이라 하고 사후세계는 저곳이라 하는 것입니다. 그리고 이야기는 현실이 아닌 허구입니다.

우리가 사후세계의 천국과 지옥을 상상하는 것은 우리가 인지하는 너머의 영역을 가늠하고자 하는 것이며 우리에게 주어져야 하는 것이 아닌 가져야 하는 것, 마땅하고 납득 가능한 섭리를 구축하고자 하는 자기주장입니다. 우리가 이야기를 만드는 이유와 과정 역시 이와 동일합니다. 모든 작가는, 모든 사람은 천국의 설계자인 셈입니다.

하지만 제가 그 무엇보다도 우선하는 이 일은 결국 인생의 연장이기도 합니다. 이야기는 인생이라는 기반 없이는 무의미한 영역입니다. 이야기가 인생의 확장이라는 이야기는, 인생 자체가 무너지면 확장 자체가 불가능하다는 이야기이기도 하니까요. 이승이 없이는 저승도 없습니다. 차안에서의 삶에 대한 납득이 없이는 피안에서의 삶도 의미를 잃는 것입니다.

그렇기에 저는 주변 사람들과의 관계라는, 이야기를 통해 확장되기 전에 저에게 지금 우선 당장 주어진 인생 자체를 무시할 수 없습니다. 포기할 수도 없고요. 이야기에 빠져들기 위해 이를 외면해서도 안 됩니다. 비록 제가 자주 놓치고 실수하고 저버리고 있지만, 다른 사람들의 도움 덕분에 간신히 유지하고 있지만, 그렇기에 더더욱 노력해야 하는 일입니다.

이제 저의 과제는 다른 이들이 저의 운이 되어준 것처럼 저 역시 다른 누군가의 운이 되어주는 것입니다. 자신은 없지만 어쩔 수 없지요. 일단 계속해보고자 합니다. 그것 말고는 답이 없으니까요. 그러니 부디 이 책이 누군가에게 그런 운이 될 수 있기를 기도하겠습니다.

재능 없는 작가로 살아남기

초판 1쇄 발행 2025년 12월 10일

지은이	홍지운
펴낸이	박은주
디자인	김선예, 이다솔, 이수정
마케팅	박동준

발행처	(주)아작
등록	2015년 9월 9일 (제2015-000140호)
주소	10542 경기도 고양시 덕양구 청초로 19 아이에스비즈타워센트럴 A동 707호
전화	02.324.3945-6 **팩스** 02.324.3947
이메일	arzaklivres@gmail.com
홈페이지	www.arzak.co.kr
ISBN	979-11-6668-881-2 03800

책 값은 표지 뒤쪽에 있습니다.
잘못 만들어진 책은 구입하신 서점에서 교환해 드립니다.